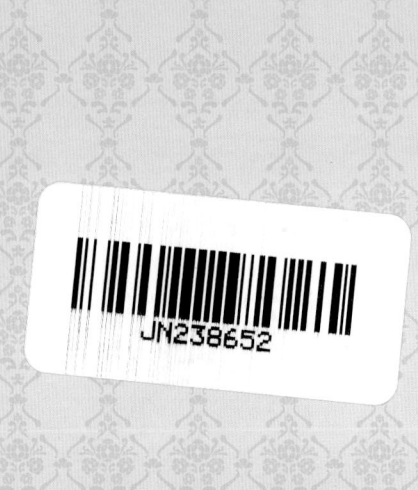

十和子イズム

TOWAKOISM update the beauty!

君島十和子

Prologue

“君島十和子”のこれまでとこれから

20代の頃、前々から憧れていた先輩女優の方と、舞台のお仕事でご一緒する機会がありました。まだまだ慣れない頃で、私は舞台が終わるとすぐに楽屋でメイクを落とし、すっぴんのままホテルに戻る――という毎日。でもその先輩は違いました。いつも若い恋人が楽屋に迎えにきていて、舞台が終わってメイクを落とした後、今度はその恋人のためにもう一度、メイクを施すのです。彼女は当時、50代だったと思います。その姿を間近で見ていて、女性としての諦めない、美しい姿勢のようなものを教えていただきました。今でも忘れられない想い出です。

29歳で妻となり、母となってからは、多くのお母様方から刺激をもらいました。女優から主婦になったばかりの頃は、「主婦って、きっとつまらないんだろうな」なんて、勝手に想像していたのです。ところが実際は全く違っていました。たとえばですが、家のしつらえを個性的にしていたり、日々のお料理に情熱をかけていたり、それが本当にハイレベルなのです。当時はブログなどもなく、誰に見せるわけでもないのに、です。それをご主人や子供たちは当然のこととして享受している。私からすれば「えっ、毎日こんなに!?」と、心底驚きました。そして、働きながら主人を育てた義理の母からも、感謝しきれないほどたくさんのことを学びました。主婦という仕事のたいへんさや奥深さ、幅広さは、やってみないとわからないかもしれませんね。

20代から30代は、モデル・女優から妻・母になるという、大きく変化した環境の中で生きてきましたが、そこで出会った人や経験すべてが大きな財産です。現在の“君島十和子”の礎《いしずえ》になっていると思います。

女性にとっての大きな節目の年齢である“50”という数字を目前に控えた今は、培ってきた経験をもとに、さらにアグレッシブにアップデートしようと目論んでいます。50歳の扉を開けることに対して、恐れがないと言うのは嘘に聞こえるかもしれません。でも今は昔と違って、上手に抗《あらが》う選択肢も、情報もたくさんあります。だから不安でいたたまれない、なんて思うこともないと思うのです。

しかも、私くらいの年代からでしょうか。結婚しても独身時代と同じようなスタイルで通すことや、年齢を超えて自分らしいメイクやファッションをすることが当たり前になってきました。私の先輩の世代までは、結婚した後、外見をアップデートするということは御法度というか、罪悪感を覚える感覚があったのでは？と思います。ですが、今はキレイにこだわることに文句は言われません(笑)。むしろ私は、年を重ねてきたおかげで、何を優先しなくてはいけないかがわかるようになってきたことを嬉しく思います。

一方で、年とともに美容を投げ出したくなる方もいると思います。私の場合、美容はライフワークであり、皆さんに向けて美容情報を発信する立場にありますので、そうもいきません。50代に向けて、“君島十和子”という固定観念をリノベートして、新しい君島十和子像を作りたいと思っています。

47歳からのテーマは「もっとアグレッシブに」

結婚式の披露宴で、作家の庄司薫さんにスピーチをしていただいたんです。主賓として登壇していきなり、「こんにちは。庄司薫です。“老婆、車にひかれる”」とおっしゃった。会場中が「えっ?!」となったし、私もベールが浮いちゃうくらいびっくりして。いわゆる話の“つかみ”というものだったわけですが(笑)。昔の新聞の見出しに、50歳の女性を指して“老婆”と書いてあったと。昔は50歳をすぎたら老人と言われていたんだ、でも、今や50歳なんてまだまだ若いと言えるくらいに人生は長くなった。おまえたち、人生は長いんだから頑張れよ、というのが話の着地点だったんです。そして今、そのスピーチで語られた50代にもうすぐなろうとしています。

とくに女性は、80年という長い年月を生きるスパンとして考えないといけなくなりました。どこまで美容というものにこだわれるか。技術はどこまで進むのか。まだまだ未知数です。そういう意味では、この長い人生における美容は今もなお過渡期と言えるのかもしれません。

私にとって美容とは仕事であり、しかもライフワークでもあります。この先も仕事はずっと続けていきたいですし、自分が心から満足できて、たくさんの女性に喜んでもらえる化粧品を提案して、世界中の女性に発信したいと思っています。

この本には、47歳の君島十和子のありのままがあります。試行錯誤しながらも決してあきらめず、前向きに追求してきた私なりの“きれい”へのこだわりを、スキンケア、ヘアケア、メイクアップ、ボディケア、そしてファッションの面からまとめたものです。今よりもっと心地よい“きれい”のために、少しでも皆様のお役に立てればとても嬉しく思います。

君島十和子

Contents

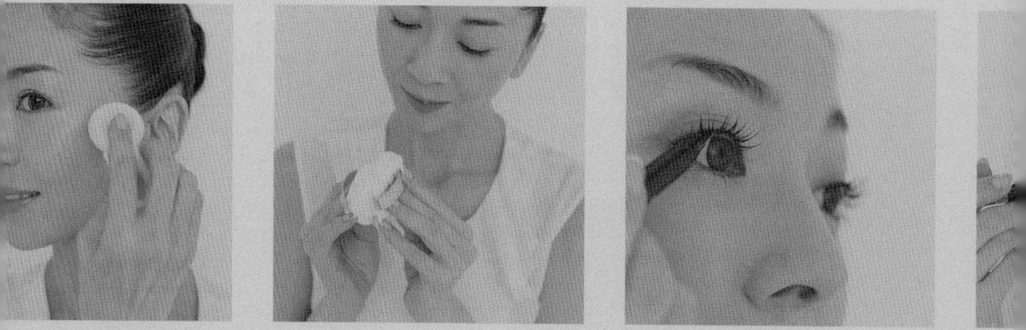

CHAPTER.01

Make-up Rules

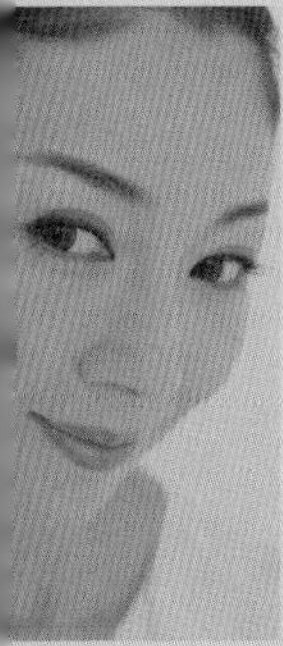
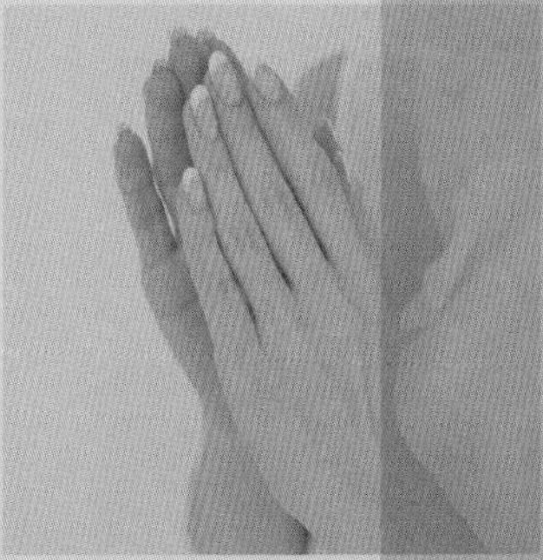
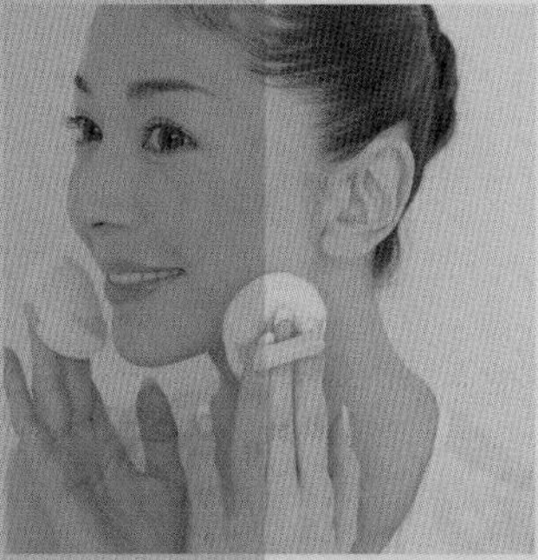
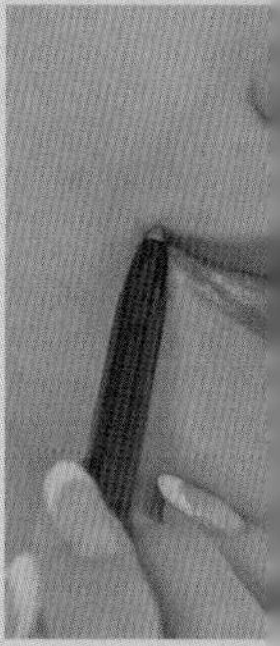

【メイクアップ編】

２０代の頃からずっと、メイクアップを仕上げるときにこだわってきたのが、“ツヤ感”と“目ヂカラ”です。
４０歳を過ぎてからは、より肌のツヤ感が重要になり、目ヂカラは、まつ毛をさらに強調するスタイルへ。
では、これからの50代に向けて何が必要？
潤い、ツヤ感、キメ、均一な色などを補いながら、自分に心地いいスタイルを探しているところです。
メイクアップって、実は“引き算”。
年齢とともにどう上手にマイナスしていくか。
私自身が日々アップデートしている最新のメソッドを紹介します。

ヘア&メイクアップアーティスト
黒田啓蔵さん

十和子さんが信頼を寄せるヘアメイクさんと言えば、この人。その人らしさを引き出し、魅力をアップする腕は、十和子さんのほか、たくさんの女優やタレント、モデルたちからも支持されている。今回、メイクアップ編でのおすすめアイテムを選んでもらいました。

rule.1

「自分目線で鏡を見ているだけではわからないこと」

人と話をしているときや笑っているとき、食事をしているとき。自分が動いている姿を、動画などで客観的に見る機会があるのですが、フェイスラインはもちろん、こめかみや眉弓筋、ほうれい線に首筋など、以前のシルエットと違うことに愕然とします。とくに夢中になって話しているときなどに出る“影”や“筋”。ほうれい線だけではありません。たとえば、こめかみや眉弓筋がやせて目立つようになると、老けた輪郭に見えます。いつも自分が鏡で見ている正面の顔では気がつかないその姿こそが、人の目に映る自分なんだと気づかされます。こんなふうに自己イメージを客観的に観察するのには、写真もいい方法です。自分はこう見られている、ということがわかれば対処の仕方も見えてくる、と私はポジティブに転じて考えるようにしています。ポイントをおさえたメイクに日常の動作や姿勢の改善など、できることはたくさんあります。それを紹介していきましょう。

rule.2 「“若く見える”のと、“若作りして見える”は違う」

年齢を重ねると、流行をどう取り入れるかは難しい問題です。若ければなんとなくハマったりするものが、今はそうもいきません。私は娘とメイクやファッションの話をよくするのですが、どこかに無理が少しでも見えると、「若作りしている」と指摘されます。どうすると“無理”していて“痛い”ように見えるのか。客観的に指南してくれる同性の声は心強いものです。

rule.3 「薄づき≠ナチュラル。薄づき＝疲れて見える、と思うべき」

年齢とともにカバーしたいものが増えると、つい厚塗りしたくなるものです。でも、厚塗りをするとかえって老けて見えること、大人の女性は気がついていますよね？　むしろ最近は薄づきを心がけている人が多いようですが、今度はメイクが薄すぎて、かえって所帯じみて見えてしまうことも。人から、「今日はメイクが薄いね」「疲れている？」と指摘を受けたことがあるなら、それが答えです。休日ならいいのですが、ある程度の年齢になったら、仕事のときや人前できちんと装わないといけない日は、必要なカバー力がありつつも、厚塗りに見えないベースメイクが必要だと思うのです。

rule.4 「肌作りの目的はなによりも“ツヤ”」

若い頃はテカって見えるのが嫌で、お粉を多めに使っていたのですが、40代になってからはまったく逆。ツヤは肌に欠かせない条件だと思うようになりました。粉は多く使うほどシワっぽく元気なく見えるうえ、崩れたときのリカバリーも難しい。一方ツヤは、肌に光を集めてさまざまなアラを飛ばし、イキイキとした印象に見せてくれます。厚塗りにも見えませんし、化粧直しも簡単。今はファンデーションを塗る目的の６割がツヤのため。もとの肌が美しいことを求められる時代だからこそ、ツヤは欠かせません。お粉は必要最低限にとどめましょう。

rule.5

「大人のベースメイクの鍵は ツヤ感、自然なカバー力、崩れにくさ」

髪の生え際は
とくにていねいに

ツールを賢く利用して崩れにくいベース作りを

1aを2プッシュ手のひらに出したら、ファンデーションブラシに含ませます。手でのばす場合は1プッシュ。2ファンデーションブラシを使ってaをのばします。顔の内側から外側、斜め上に引き上げて“バンデージ”のように塗ります。おでこ、あご先、小鼻まわりなどもまんべんなくブラシでなじませて。32で仕上げた肌を、厚みのあるスポンジを使ってまんべんなくプレス。とくに髪の地肌との境目はていねいに。4中指にbのチークをとり、指の腹をこすりあわせてなじませます。54で指先になじませたbを、頬の高いところに指でのせます。笑った表情のまま、両手を使い、bを同時にポンポンとつけて。6cのパウダーをふたつのパフにとってもみこみます。7ツヤを残したい場所をのぞき、ファンデーションが崩れやすいところにのみ、6のパフで軽くおさえながらつけます。8小鼻のまわりやほうれい線、こめかみ、目の下など、ヨレが気になる場所につければ完成です。

a

b

c

MAKE-UP ITEMS

a高いUVプロテクト力と、乾燥から肌を守る効果を持つ多機能日焼け止めクリーム。ファンデーション代わりに活用できる完成度の高い仕上がり。FTC UVパーフェクト カバークリーム 4D SPF50／PA++++ TOWAKOライチベージュ 30g ￥3600　bクリームタイプでしっとり感のある仕上がり。自然なコーラルオレンジだから日常使いにも便利。FTC UV プレミアムチーク ￥2500（限定品）c透明感のある仕上がりの微細なパウダー。肌にナチュラルな明るさをもたらし、キメ細かい印象に。FTC UVパーフェクト フェイスパウダー 4D SPF15／PA+ 10g ￥5200／以上すべてフェリーチェ トワコ コスメ

ヨレやすい小鼻まわり
も忘れずに

7

8

rule.6

「肌の上をスルスル滑るリキッドファンデに注意」

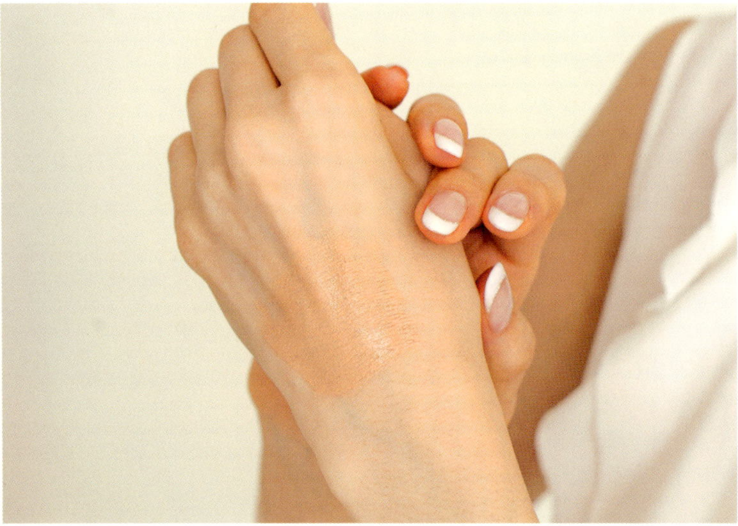

ファンデーション選びで大切なのが、保湿力と透明感のある仕上がり、そして上質なツヤが出るものです。大人の肌には、ツヤが絶対必要ですから。そして、のばしやすいことも大事。ですが、のびがよくつややかな仕上がりのものを探すと、どうしても薄づきなものが多い。若い肌ならいいのですが、大人の肌には不十分。カバー力も必要とする肌なので、スルスルと滑りすぎるテクスチャーのものは危険です。必ず一度手にとってみて、カバー力と肌なじみを確認してから選びましょう。

Recommend
byKURODA

a 崩れにくく、メイク仕立ての美しさが持続。ゲラン トゥニュ ド ペルフェクション SPF20／PA++ 全7色 30ml ¥7000　**b**ベースメイクしながらエイジング対策も可能。イヴ・サンローラン・ボーテ タン リブレイター セラム SPF20／PA++ 全6色 30ml ¥9500　**c**スキンケア発想のなめらかな使い心地。クラランス エクストラ コンフォート ファンデーション SPF15 全4色 30ml ¥8000

rule.7

「大人の肌こそ優秀なツールに頼るのが正解」

左から、楕円形で肉厚、肌あたりがよく、なじみのいいブラシ。ムラのない仕上がりを実現。アディクション ビューティ ファンデーションブラシ¥5000、ファンデーション含みがよく、スムースにのびてムラづきしにくい。美肌仕上げ。ランコム ファンデーション ブラシ 2N ¥2800

リキッドやクリームファンデーションを手で塗ることは間違いではありませんが、最近、私はファンデーションブラシを活用しています。薄ーく均一につくのと、ブラシで磨かれるという効果で、よりつややかに仕上がるのです。最後は何もついていないスポンジを用意して、よくたたき込んで密着させます。ファンデーションと髪の生え際との境目がきれいにぼかせるし、メイク崩れの防止にも。優秀なツールに頼ることは、メイクの完成度のために欠かせません。

rule.8

「肌も目も唇も。大人の色選びは“赤みプラス”が正解」

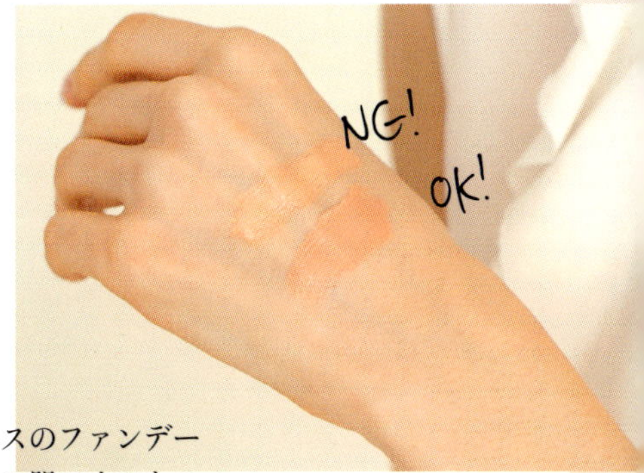

以前は、ベージュオークルと言われるイエローベースのファンデーションを選んでいました。若い頃はイエローベースの肌にすると、アイメイクやチークがポンッと前に出て華やかに見えたんです。けれど、45歳を過ぎてからは夕方になると顔色が悪く見えてくるようで、元気がないと言われることも。以来、色を選ぶときには、赤みを含んだオークル系を心がけています。年々失われていく自然な血色感を補うためにも、肌だけでなく、アイシャドウやチークなど、メイクアップアイテムには、黄みよりも自然な赤みが必要です。

rule.9

「チークは赤み＆ノンパール、クリームタイプがポイント」

40歳を過ぎてから、チークはずっとクリームタイプ派です。大人の乾燥しがちな肌には、パールがたっぷり入ったものはもちろん、パウダーチークさえ乾きを誘引してしまうもの。せっかくベースメイクのお粉をマイナスして、潤いのあるツヤ肌に仕上げているのに、パウダータイプのチークでツヤを出そうとすると、無理が出てくるんです。なので、肌に溶け込んで乾燥させないパールなし、クリームタイプ（練りタイプ）のチークがベスト。色は、ナチュラルな血色感を演出できるピンクコーラル系がおすすめです。

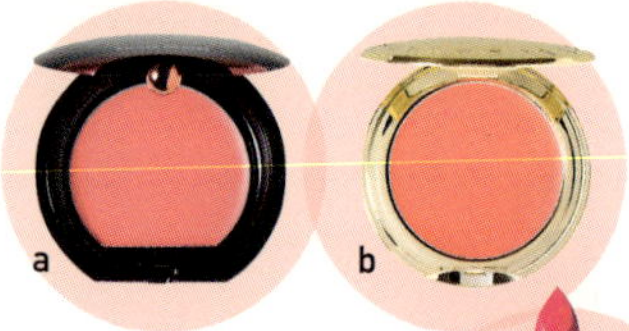

Recommend
byKURODA

a 鮮やかな発色ながら、浮かずに肌に溶け込む仕上がり。 ソニア リキエル・ボーテ グローイング クリーム ブラッシャー 01 ¥4500 b 頬に潤い感と血色を与え、若々しい表情作りにひと役。 エレガンス クリーム フェイスカラー OR201 ¥3500 c コンパクトサイズだから、ポーチに入れて持ち歩くのにも便利。アディクション ビューティ チークスティック 14 ¥2800 d ベースメイクの後、プレチークとして活用。レ・メルヴェイユーズ ラデュレ クリーム チーク ベース 04 ¥4200

rule.10

「人は目元印象が７割」

いくつになっても目元をポイントにしたメイクが私の定番です。なぜかと言えば、人は動く目元に目線がいくもの。後で印象に残っているのはその人の目元の表情だと思うからです。遠くから見られるイベントなどのときは、眉の作り方に気を配ります。私は眉を描くとき、相手との距離に応じて３パターンから考えるのですが、相手が遠いときは、強めにキリリと描くと引き立つようです。そして近い距離の場合は、眉の形(アウトライン)より眉の毛流れが大切。あまり短く細く整えてしまうと老けた印象になりがちだと思います。さらに、眉よりもまつ毛の存在のほうが圧倒的に大きいのです。まつ毛の長さ分、目が立体的に大きく見えますから。アイシャドウをグラデーションにして囲むより、まつ毛にこだわるほうが大きいインパクトをもたらすことができると思います。アイラインも、まつ毛を引き立たせるために、引くというよりは、毛と毛の間を埋める感覚で点々と置くようにつけ、まつ毛が密集しているように見せるのがポイントです。

rule.11

「カラコンでアンチエイジング」

もともと近視なので、度が入っているカラーコンタクトをつけています。色はナチュラルなブラウンです。年齢を重ねるとだんだん目の印象がぼやけて、目ヂカラが弱くなっていきます。そこで、ひとつのメイク効果と考えてカラコンを使うようになりました。目元のたるみをカムフラージュして、目元印象を若く見せる効果があると思います。最近のカラコンは進化していてかなり自然に見えるので、クリニックで相談すれば自分にベストな色が選べます。実は、大人の女性にこそ試してほしいアイテムです。

rule.12 「まつ毛の再発見!」

長さとボリュームのある、理想の美まつ毛に。FTC パーフェクト マスカラ／ザ・トワコ マジック ¥3600／フェリーチェトワコ コスメ

“まぶたが下がってアイシャドウを塗る幅が狭くなった”、と思い始めた30代後半。目ヂカラを上げようとエクステやつけまつ毛などあれこれ試してみたのですが、つけまつ毛をつけ慣れていない世代としては、どれもしっくりいかない。結局、自分のまつ毛のボリュームを出したほうが私らしいということに気がついて。ていねいにマスカラをつけて、ビューラーでカールをきかせた自然なまつ毛でこれからも頑張ろうと思っています。そのためにも一日2回のまつ毛ケアは欠かせません!

Recommend byKURODA

a たっぷりの濃密ボリュームと、しっかりとした上向きカールを実現。ランコム イプノスター ウォータープルーフ 01 ¥3800 **b** まつ毛を長く見せるとともに、配合された育毛成分でケアも同時に叶えてくれるマスカラ。クラランス Be ロング マスカラ 01 ¥3800 **c** 使うたびにフレッシュなマスカラ液が出てくる業界初の処方。にじみにくいスマッジプルーフ。ヘレナ ルビンスタイン シュールレアリスト エバーフレッシュ スマッジプルーフ 01 ¥5600

rule.13 「35歳を過ぎたら、メイクは引き算。足せば足すほど逆効果」

basic pattern

— official scene

カバーしたいものが増えてきて、目ヂカラも弱くなってくるので、ついあれこれとやりたくなるのですが、若いときと違って、手を加えれば加えるほど厚化粧に見えてしまう。どう手を加えていいかわからないので、昔のままのメイクをしてしまう……そんな人も多いのではないでしょうか。私の場合は、服とのバランスを考えて、色が前面に出るメイクからは卒業しました。色やテクニックの“全力投入”は危険です。その色の出方、見え方が若いときとは（若い人とは）違うからです。肌をきちんと仕上げたら、ポイントメイクは、なるべくミニマムに仕上げましょう。

rule.14

「アイラインで始まり、マスカラで終わるアイメイクの基本」

——オフィシャルシーンのメイク〈P21〉

アイライン Eye line

アイシャドウ Eye shadow

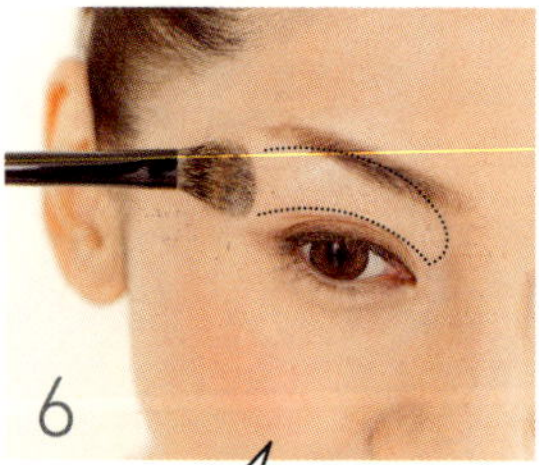

まぶたがふっくらと
見えるように

すべては、主役の
まつ毛を引き立たせるために

1まつ毛が密集して見えるように、中央の黒目の上から目尻まで、**c**でまつ毛の間を埋めるように描いていきます。2目尻まできたら、目の中央までもう一回。3目尻は1〜2㎜はね上げます。4下のキワはノーラインで。**a**右下の締め色を、1、2、3で描いたラインをぼかすように、2〜3㎜幅で重ねます。5アイホール全体に**a**左下のコーラルベージュをふんわりのせてなじませます。6アイホールの上全体に、**a**左上の明るいベージュを。7目の下、涙袋の部分にはふわりと**a**右上のピンクをぼかし入れ、目元の印象を明るく整えたら完了。8主役のマスカラは最後なので、先にアイブロウへ。最初に眉の下のラインを決めて、**b**中央の明るいブラウンで眉尻まで描き、9眉の上の部分のスタート位置（眉頭は除く）を決めます。10眉全体を埋めていきます。眉頭は、きっちり描くときつい印象に見えるので、ブラシに残ったもので軽くぼかす程度で十分。細い眉より太く短めの眉のほうが若々しい印象に仕上がります。

a

b

c

MAKE-UP ITEMS

a ヘアメイク黒田啓蔵氏とのコラボパレット。ナチュラルなのに、洗練された目元に。FTC ミューズオーラ パレット／SS ￥6000（限定品）／フェリーチェ トワコ コスメ　**b** ぼかしやすい濃淡で、立体的な眉に。ルナソル ブラウスタイリングコンパクト N BR03 ￥3800／カネボウ化粧品　**c** なめらかな描き心地で長時間持続。アディクション ビューティ アイライナー ペンシル ラビットホール ￥2500

アイブロウ

Eyebrow

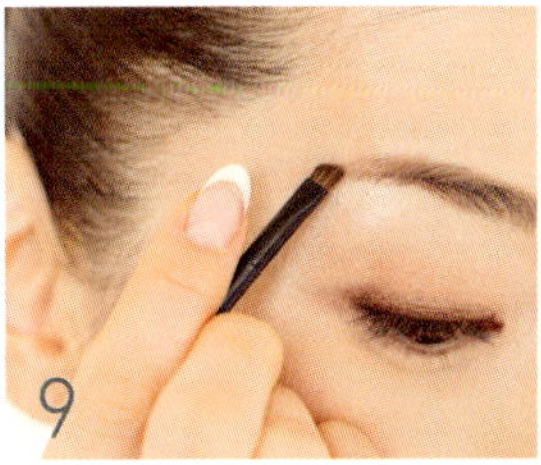

マスカラ Mascara

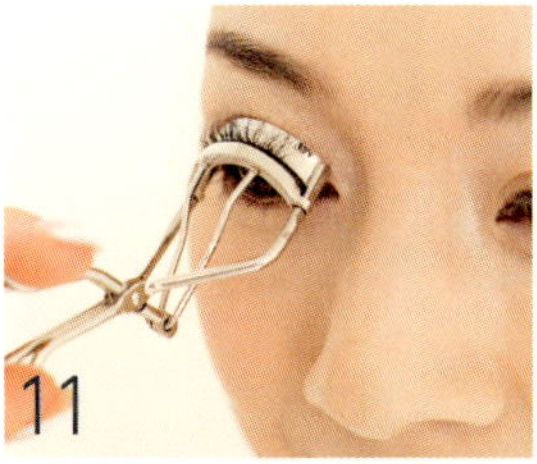

まつ毛の根元から
1本ずつ押し上げて!

リップ Lip

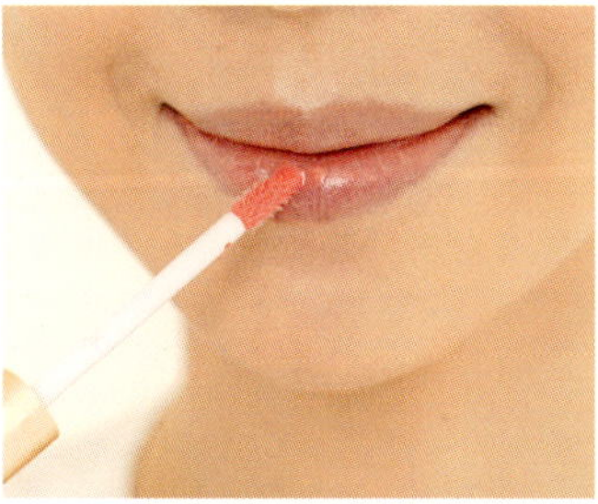

MAKE-UP ITEMS

a 紫外線ダメージを防ぎ、鮮やかなピンクで顔色まで明るい印象に。FTC UVパーフェクト リップグロス EX TOWAKOローズ SPF15／PA+ ￥3300／フェリーチェ トワコ コスメ **b** 日本人女性のまぶたにフィットしやすい設計。資生堂 アイラッシュカーラー213 ￥800 **c** 理想の美まつ毛を叶えるマスカラ。FTCパーフェクト マスカラ／ザ・トワコ マジック ￥3600／フェリーチェ トワコ コスメ

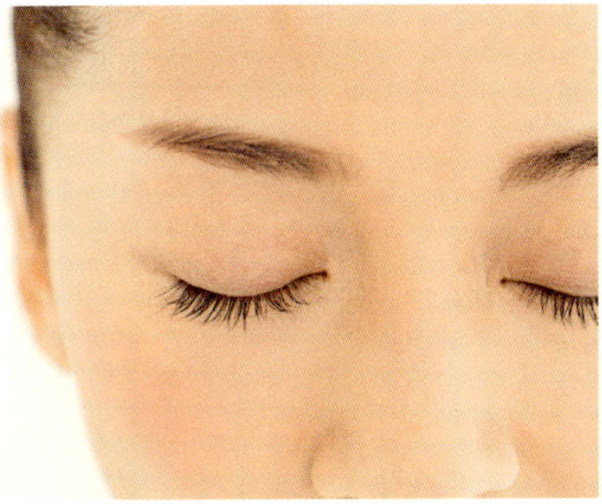

before

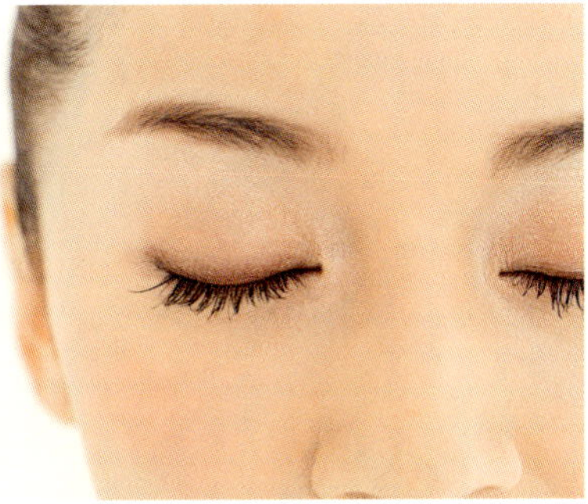

after

主役のマスカラにかける時間は アイメイク完成までの約半分！

マスカラはいちばん最後にするのが十和子流。その理由は、アイシャドウやフェイスパウダーなどの粉類が落ち着いた状態でつけたいから。なので、眉が終わったら、先にリップメイクを仕上げます。**a**を唇の中央から外側につけ、全体になじませます。11主役のまつ毛はビューラーから。まずは全体を**b**でカールアップ。どうしてもサイドのまつ毛が上がらない場合はミニビューラーを使って。12**c**のマスカラを上まつ毛の根元に押し当て、根元を埋めていくような感覚で塗っていきます。13さらに、**c**を上まつ毛の根元から前方向に回転させながら重ね塗り。14下まつ毛は、**c**をたてに持って一本一本ていねいに。15カールアップしたまつ毛をホットビューラーで固定します。とくに黒目の上の部分のまつ毛は上向きに、サイドは目尻が下がって見えないように固定。これでアイメイクの全工程が終了。色みは感じないのに、まつ毛が黒々と密集した目ヂカラの強い印象に。

rule.15 「ブラシ礼賛！」

左から、肌あたりが優しく、アイカラーの重ねづけも簡単に。資生堂 シュエトゥールズ アイカラーブラシ（L）￥2000　ほっそりとした形状が特徴のブラシ。ぼかしも簡単に。キッカ パーフェクト スモーキーアイ ブラッシュ スモール ￥4000、万能なミディアムサイズは、メイクボックスに1本入れておくと便利。キッカ パーフェクト レイオブライトブラッシュ ￥4000／ともにカネボウ化粧品 目元のキワに、締め色をのせるときなどに大活躍。資生堂 シュエトゥールズ アイカラーブラシ（S）￥1500

以前は、製品付属のパフやチップを使っていましたが、今はフェイスパウダーもアイシャドウも別ブラシでつけるようになりました。メイクアップは、肌に物理的に刺激を与えるということでもあるので、できるだけ刺激は少ないほうがいい。だから、肌あたりのいい質感のものを選ぶようにしています。しかもブラシだと、色が強くのり過ぎないので、メイクアップの仕上がりそのものが優しくなるという効果も。ツールの選び方ひとつで、メイクのパフォーマンスは確実に変わる。大人こそ、ブラシの効果を実感できると思います。

rule.16

「ついやってしまう、影色のグラデーションから卒業」

まつ毛が引き立つアイメイクを心がけるようになってから、メイクの手順が変わりました。以前はアイシャドウを幅広くまぶた全体にグラデーションにして、最後にラインで締める、というアイメイクでしたが、今はまずラインを最初に、そして極力、グラデーションはしない。ニュアンスカラーのワントーンメイクをマスカラで締めるというスタイルになりました。たるみやシワなど、“影”が多い大人の目元に影色のグラデーションは少し危険。むしろ明るく見せることが大事。まつ毛の存在感を強調するほうが、目ヂカラ効果は絶大なのです。

rule.17

「下まぶたの光で叶えるマイナス5歳」

若い女性たちの間で流行っている涙袋メイクとは違うのですが、目の下が明るいと、確かにそれだけで目元全体が明るい印象に見えるのです。年齢とともに、クマやくすみなどが目立ち始める下まぶたに、ブラシでさっとハイライトを入れるだけ。その反射で白目がクリアに見えるという嬉しい効果も！でもここで真っ白なハイライトカラーを選ぶのはNG。肌から浮かない、ピンク系の明るいベージュを。ピンクベージュ系のアイカラーパレットに入っているいちばん明るい一色を涙袋ゾーンにぼかしてみてください。

rule.18

「すべての色を使いきれるアイカラーパレットの選び方」

'80年代のアイメイクセオリーが忘れられなくて、つい、アイシャドウをグラデーション塗りしたくなるのが、私の世代。パレットを買うと、全色使わないともったいない気がするからなおさらです。でも、40歳を過ぎてからは、中の一色が欲しいから買うということもなくなり、全色を使いきれるものを吟味するようになりました。そこで私が行き着いたのが、全色に赤みを含んだピンクベージュ系のアイカラーパレット。目元全体にのせるメインのオレンジベージュ系、眉下に明るさをプラスするライトベージュ、涙袋に使いたい明るいピンクベージュ、そしてブラウンの締め色。濃い締め色も赤みがあれば、目元の印象が優しく見えます。この4色が今のお気に入りです。

Recommend byKURODA

a 質感の異なる4色の組み合わせで、立体的なまなざしに。コスメデコルテ AQ MW アイシャドウ 021 ￥5700　b けぶるような発色で奥行き感を演出。パルファン・クリスチャン・ディオール トワ クルール スモーキー 571 ￥5800　c こっくりしたボルドー系のパレット。フェミニンな目元に。ルナソル ベルベットフルアイズ 03 ￥5000／カネボウ化粧品　d 明るくなじみのいいカラートーンで、大人の目元を可憐に演出。ランコム イプノ パレット D01 ￥6200

rule.19

「眉の色にもトレンドがある」

最近は少なくなりましたが、以前は、眉をグレーやアッシュ系の色で描いている方がいました。それは当時のトレンドだったのですが、私は髪色とのバランスから、最初からブラウン派。でも、30代まではイエロー系のベースメイクをしていたこともあって、眉も黄みがかったブラウンで描いていました。でも、年齢とともに似合う色が変わってきて、今は赤みのある明るいブラウンがスタンダード。自分の肌や髪の色との相性を見て、濃すぎず薄すぎずの赤みブラウンを選んでいます。優しい色みの眉はまつ毛を際立たせるアイメイクとのバランスもよく、若々しい目元に仕上がります。

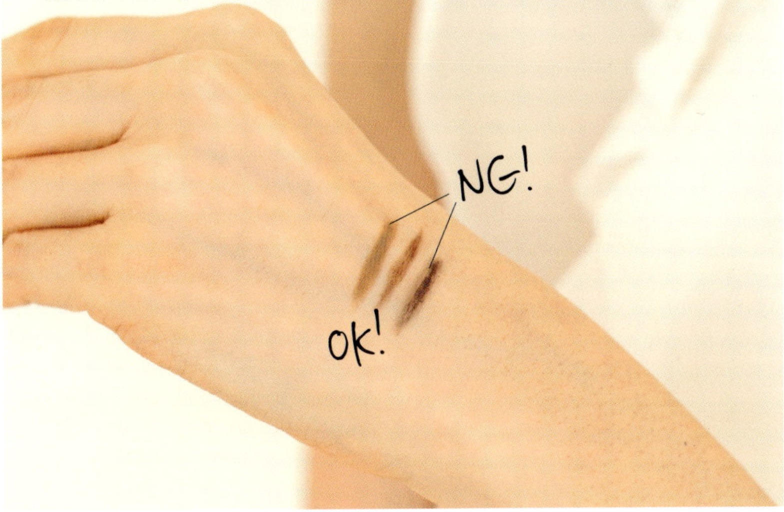

a 繊細な仕上がりが簡単に描ける極細ペンシル。エレガンス アイブロウスリム BR25 ¥3800　b さっとぼかせば、ナチュラルで洗練された眉に。ソニア リキエル・ボーテ パーフェクトアイブロウ02 ¥3500　c 左の2色で眉を整え、右のノーズシャドウを入れればメリハリ顔も可能。エレガンス パーフェクト ブロウ パウダー BR20 ¥4000　d ルナソル ブラウスタイリングコンパクトN　BR03 ¥3800／カネボウ化粧品

Recommend **byKURODA**

rule.20

「ベージュ系リップが似合わなくなる年頃です」

30代までは、ファッションもメイクアップもベージュ一辺倒。“君島十和子＝ベージュ”という印象だったと思います。唇ももちろん、はちみつみたいな色のグロスを愛用していました。そして今、その頃は派手で似合わないと思っていたピンクや赤系の色が似合うように。これは発見でした。製品自体、当時とは発色が違いますし、質感そのものが進化していることもありますが、一瞬派手かしら？というような色でも、今は肌から浮いて見えないのです。私は、アイメイクとのバランスでグロス派なのですが、選ぶ色もピンクやコーラル、ローズといった色が増えました。年齢とともに似合う色は変化します。そのことに気づかず昔のままで満足していると、自分の美しさも進化していかないのかもしれません。

Recommend byKURODA

a さらりとしたテクスチャーに、鮮やかな発色が魅力。ゲラン グロス ダンフェール 461 ￥3200　b ツヤッと水をたたえたような、透明感のある唇に。RMK グロスリップス N CL01 ￥2200　c 唇にまばゆい輝きと、リッチなボリューム感を与えるグロス。パルファン・クリスチャン・ディオール ディオール アディクト グロス 553 ￥3300　dキュートなピンクで唇を染めれば、明るく若々しい表情に。FTC UVパーフェクトリップグロスEX TOWAKO ローズ SPF15／PA+ ￥3300／フェリーチェ トワコ コスメ

rule.21

「“年齢感”は横顔でチェックされる」

若い頃は頬がふっくらしているのが嫌で、少しでも締まって見えるようにシェーディングを入れたりしていましたが、今はむしろ、少しでもふんわり見えるように気を使っています。とくにこめかみや眉弓筋など、rule.1でも例を挙げましたけど、サイドから見られるパーツは細かくチェック。太っている・痩せているにかかわらず、こめかみあたりというのは、実は“老け”を感じさせるパーツなのです。血管が透けて見えたり、肉が削げて凹みが目立ったりすると、年齢を重ねたように見えるから要注意です。誰かの顔を正面からじっくり見ることって少ないですよね？　見ているのは意外とサイド、横顔です。同様に、人から見られているのも自分の横顔です。だから、年齢感を感じさせないよう、サイドパーツのメイクは気を抜けないんです。

rule.22

「浮いてはいけないところ、浮くべきところを見極める」
――TOPメイク2パターン

arrange 01 ⟶ 学校など

ベース base

崩れやすいTゾーンは
ツヤをおさえて

眉 eyebrow

アイライン eye line

子供の学校関係の行事は、母親の装いが浮いてはいけない場所。華美な印象は必要ありません。だから、肌は**b**のパウダーを大きな**a**のブラシにとって、おでこや頬の高いところにふわりと。ツヤをおさえてセミマットに仕上げます。眉は、**c**で少し短めに描いてフェミニンさを減らし、あらたまった雰囲気に。アイラインはペンシルのかわりにブラックのリキッドアイライナーの**d**で、きりりとした印象の目元に。スーツに似合う、コンサバティブなイメージを心がけています。※上記以外のメイクプロセスは基本（P22～）と同じです。

MAKE-UP ITEMS

a 肌あたりのいいパウダーブラシ。資生堂 シュエトゥールズ フェースカラーブラシ（L）￥4000　**b** ベースメイクを定着させ、長時間崩れにくく。RMK トランスルーセント フェイスパウダー ￥4500　**c** 優しい表情を演出するパウダーアイブロウ。エレガンス パーフェクト ブロウ パウダー BR20 ￥4000　**d** 繊細なラインを約束してくれる、描きやすいペンタイプ。FTCトワコ アイライナー ￥3600（限定品）／フェリーチェ トワコ コスメ

arrange 01

—scene as a mother

arrange 02 ⟶ パーティなど

口角を上げながら
描くのがコツ!

アイライン eye line

眉 eyebrow

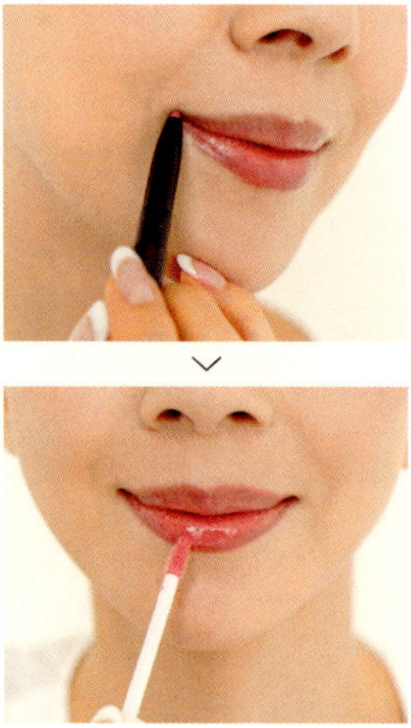

リップ lip

パーティや観劇などは、場所と同行する相手次第でバランスを見ます。メイクがメインにならないように、肌はツヤ感を強調しつつ、自分のチャームポイントが(私の場合はまつ毛ですが) さらに引き立つようにします。目元は、**a**のブラウンのアイライナーでまつ毛とまつ毛の間を埋め、目のフレームを強調。眉は、**b**のペンシルで普段より1〜2㎜ほど長めに描きます。太さもやや太くして、エレガントに。落ちにくくしたいので、唇はまず**c**で輪郭をとって塗りつぶし、**d**を厚めに重ねて華やかに仕上げます。
※上記以外は基本(P22〜)と同じです。

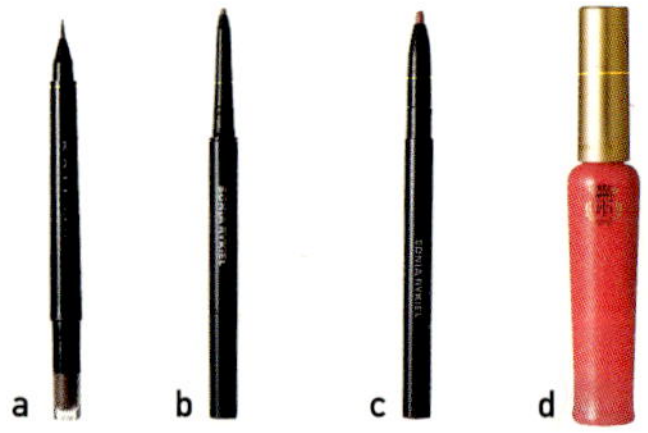

MAKE-UP ITEMS

a リキッドとパウダーが一本に。濃密アイラインとぼかしシャドウが一本で簡単。ケイト Wワイドライナー ￥1400(編集部調べ)/カネボウ化粧品 **b** 凛とした印象に仕上がるペンシルタイプ。ソニア リキエル・ボーテ パーフェクトアイブロウ 02 ￥3500 **c** 唇が際立つスムーズな描き心地。ソニア リキエル・ボーテ サブライム リップライナー 03 ￥3500 **d** ピュアな印象のピンク。FTC UVパーフェクト リップグロスEX スウィートローズ SPF15/PA+ ￥3300/フェリーチェ トワコ コスメ

arrange 02

— party scene

CHAPTER.02

Hairstyle & Care Rules

【ヘアスタイル＆ヘアケア編】

小学生の頃に一度ショートヘアにして以来、ヘアスタイルはほぼずっとロング。数年前に取材でセミロングに切ったのですが、やっぱりしっくりこなくて。年齢的に、これから先もきれいなロングヘアをキープするためには、今まで以上にケアが必要だと感じています。50歳になったらボブにチャレンジしてみようかな、とも思いますが、しばらくはロングとつきあっていくつもりです。毎日のケアのおかげか、白髪もない健康な髪を保っていますが、髪のツヤとボリューム感は、47歳の私にとっていちばんの関心事です。

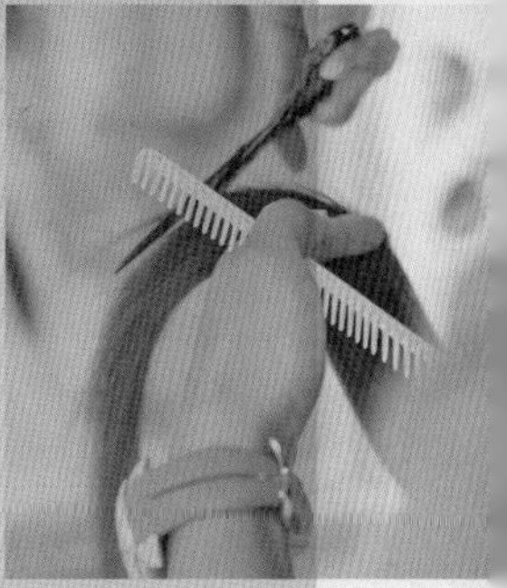

rule.23

「若々しい印象は、ヴァージンヘア並みの健康なツヤ感にあり」

この５年ほどは、アリーザの古根タケフミさんに髪をカットしてもらっています。“十和子ヘア”のベースは、あごラインくらいまでの長め前髪のストレートロング。数年前に、前髪を作ったことがあるのですが、アレンジがしやすいという理由で今のスタイルに落ち着いています。「十和子さんの髪は、くせのないまっすぐな健康毛。毛質もボリュームも標準的なタイプです。髪の老化現象とはツヤを失うこと、ボリュームが減ることなので、健康的なツヤのあるヴァージンヘアのようなコンディションはさすが」(古根さん)

Cut Point

巻きが決まるような
カットがベース

カットを担当されている古根さんに、“十和子ヘア”の詳細を伺いました。「顔まわりにかかる髪は、おでこからあご下までの20cm程度に揃えて毛先をシャギーに。後ろの長さは肩下30cm程度。肩下からレイヤーを入れます。バックスタイルはラウンドになるようにカット。ホットカーラーを使うときに髪を巻きやすいよう、レイヤーを入れる量は調整しています」これが、内巻き＆外巻きのアレンジが自在な“十和子ヘア”のベーシックスタイルです。

rule.24

「カラーリングで肌の透明感を引き出す」

Color Point

カラーリングは、カロンの新沢さんにお願いしているのですが、彼とはかれこれ15年のおつきあい。季節やファッションなど、その時々のテーマに合わせて、繊細な提案をしてくれます。最近は肌の透明感を引き出し、明るく見える色をカスタマイズして作ってもらっています。「現在の色は、十和子さんのベースカラーであるベージュと肌が白く見えるヴァイオレット、奥行き感を出すグレーをベースに、6色くらいをブレンド。髪色が明るくても上品で、優しくやわらかな印象になるよう、意識しています。そして、髪の根元から5cmは肌に対してのバランスで、中間から毛先は十和子さんのスタイルに合わせて、髪一本で多色染めをするのがポイント。髪が傷まないように、トリートメントしながらカラーリングするのも大事です」(新沢さん)

rule.25

SIDE

BACK

「進化形“十和子ヘア”は、軽やかに揺れること」

年齢による髪のボリュームダウンという変化が気になり始めてから、より、髪のツヤと軽やかな量感を大事にしたいと思うようになりました。だから、ダウンスタイルの基本は、根元がふわりと立ちあがった、ツヤを感じさせる巻き髪。以前は、巻きを強めに華やかに作っていましたが、今はゆるやかに巻くのが気分です。髪は、顔を縁取る大事な“額縁”ですし、360度、人から見られるパーツ。今まで以上にケアをして、しなやかさや女性らしさを表現したいですね。

Styling Point

カーラーは特大サイズで。毛先を巻き込まないのがコツ

1セットローションを髪全体になじませる。前髪をマジックカーラーの大で2個、トップ部分は特大のホットカーラーで巻く。これでトップのボリューム感を作る。2サイドの髪は、ねじりながら直径35㎜のホットカーラーで巻く。毛先は逃して、巻き込まないのがポイント。3前髪とトップ、サイドが巻き終わった状態。残りの後ろの髪もホットカーラーで内巻きにする。カーラーは12個使用。約15分経ってくせがついたら、カーラーをはずして巻きをほぐす。毛先にヘアミルクをもみ込んで完成。
※コテを使う場合は、直径38㎜以上のものでゆるめに巻く。

rule.26

「健康な髪は地肌から。ブラッシングは朝晩50回」

40代になってから、生え際あたりが気になり始めて、ブラッシングにこだわるようになりました。朝、シャンプー前に、毛穴に詰まった汚れや髪についた汚れを浮かすために50回。夜は頭皮の血行をよくするために50回。前から後ろへだけでなく、首のほうから頭頂に向けてなど、いろいろな方向からとかします。細かく硬い毛よりは柔らかめの毛を使ったブラシが扱いやすいのでおすすめです。ブラッシングすることで髪にツヤも出て、顔のたるみやむくみ防止にも効果があると実感しています。

短い豚の毛と極細の長いナイロン毛がミックスされたブラシ。ラ・カスタ ヘッドスパブラシ ￥3000／パシフィック プロダクツ

rule.27

「シャンプーはお湯、トリートメントはぬるま湯か水ですすぐ」

シャンプーは朝にすることが多いのですが、必ずトリートメントをします。地肌ケアを意識して、シャンプーを流すのはお湯で、トリートメントはぬるま湯か水ですすぐようにしています。バスタイムの最後に冷水シャワーを浴びるので、その流れで頭にも冷水をかけると、頭皮も肌もきゅっと引き締まって気持ちいいんです。シャワーを冷水にしたまま出てしまい、家族から怒られることもありますが（笑）。ドライヤーは髪への負担が大きく、傷みの原因にもなるので、表面より根元から優しく乾かすように心がけています。

rule.28 「リフトアップ効果大の新ハーフアップヘア」

ひと束の隠しゴム留めは45度アップを意識して

簡単なのに華やかな印象になるハーフアップは、ちょっとしたお出かけやパーティなどの定番スタイル。その進化版を紹介します。1最後に流す前髪を残し、左右の耳と耳を結ぶ線上の髪をマジックカーラーで巻いておく。両方のこめかみの延長線上くらいの内側の髪をひと束とる。あごから45度くらい上のトップ下の位置にゴムで留める。このひと束でフェイスラインがリフトアップされたような効果が生まれる。2巻いておいた前髪に逆毛をたてててかぶせ、毛先はねじってピンで留める。3耳上の髪を左右それぞれ後ろでまとめ、ピンで固定する。前髪を横に流して完成。ハーフアップは、私の代名詞とも言える髪型。前髪をポンパドールにしたアレンジなどもよくします。

1

2

3

rule.29 「大人ポニーテールはアンチエイジングの強い味方」

サイドのねじり留めでフェイスラインもすっきり

10代の頃は頭頂部で、20～30代は下のほうでポニーテールを作り、リボンやバレッタなどで遊ぶのが好きでした。最近は、アンチエイジング的観点と装いにあわせて、結ぶ高さが変化。トップのボリュームも低くなったし、カールもゆる巻きに。ご紹介するのは、顔まわりの髪を外側にねじって留め、フェイスラインを上げて見せるアンチエイジング・ポニーテールです。1 髪全体はホットカーラーであらかじめカールをつけておく。前髪をカーラーで内巻きに。サイドの髪を左右ひと束ずつ、外側にねじりながら首の後ろにもっていき、全部の髪とまとめてゴムでしばる。2 頭頂部の髪をところどころつまみ出し、ゆるみをもたせる。カーラーをはずした前髪は軽く逆毛をたて、上からかぶせてさらにゴムでまとめる。毛束から少量の髪をとり、ゴムの部分に巻いて隠したら、毛先をピンで留めて完成。

1

2

rule.30

「十和子流・大人のヘアアクセ使いとは」

昔からカチューシャやリボン、バレッタなどが大好きで、ヘアアクセサリーはたくさん持っています。写真はその一部ですが、キラキラした華やかなものも普段からどんどん使っています。ブランドや素材もいろいろで、主人からのプレゼントや自分で手作りしたもの、娘たちと共有しているものも。お年を召した外国人のマダムが、ラフにまとめた髪にリボンをシュッと結んでいたり、バレッタで無造作に留めた姿って、本当に素敵。私もいくつになっても“愛らしさを楽しむ”感覚を大事にしたいと思っています。

Column 01

新・大人世代のカラーリングはサラツヤの“透け感”を意識して

カラーリングにおいて、十和子さんが絶対の信頼を寄せているカロンの新沢圭一さんは、大人の女性にこそ必要なカラーリング方法があると言います。「今どきの大人の女性は、エイジレスで魅力的。だから年齢に抗《あらが》うより、自分の長所を伸ばす意識が大事。明るめのカラーも白髪が多いからと諦めるのはもったいない。十和子さんもそうですが、欧米人の髪のような質感、軽やかでサラサラに見える“透け感”と、若々しく見える“ツヤ感”、それらを意識してカラーリングするとイメージはがらりと変わります。年齢印象を大きく左右するのは、実は“髪の色と質感”。ぜひ覚えておいてください」

CHAPTER.03

Skin care Rules

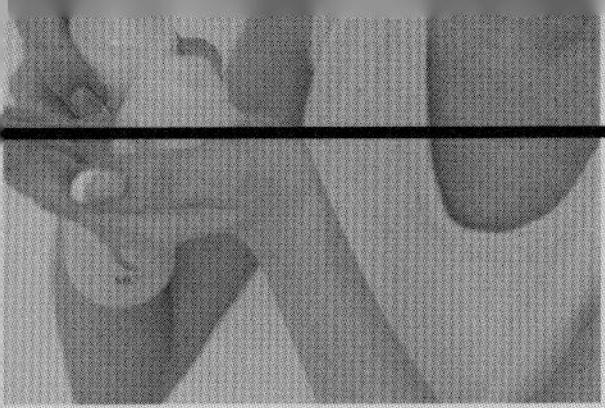

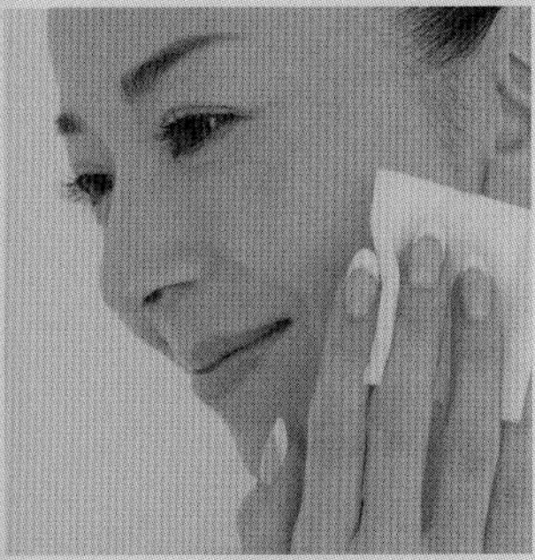

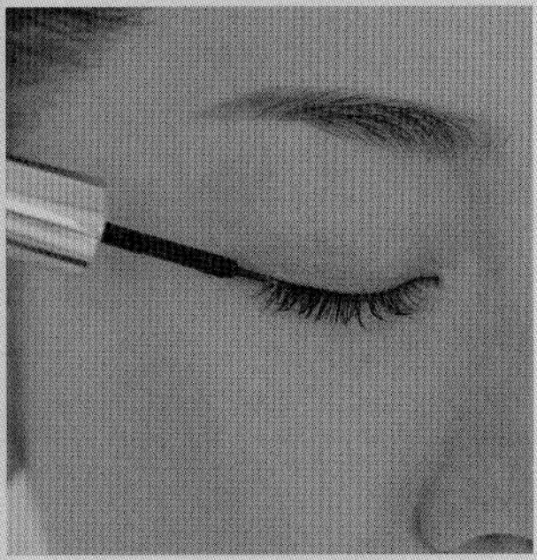

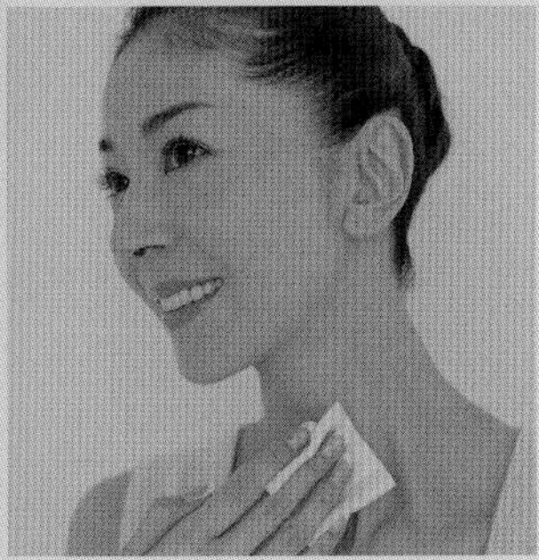

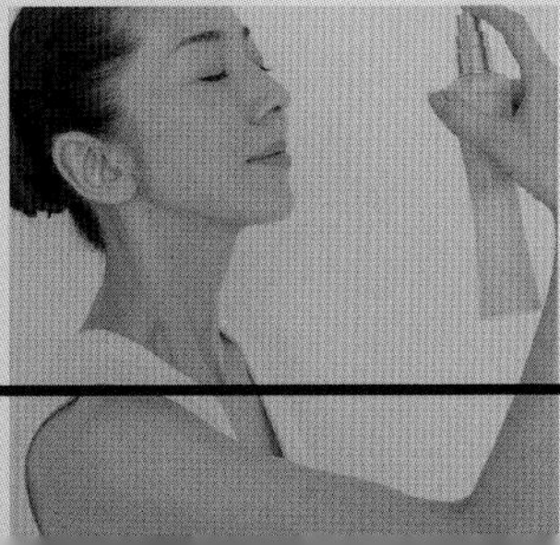

【スキンケア編】

「クレンジグ・保湿・ＵＶケア」というスキンケアの３つの柱は変わりません。年齢を重ねるにつれて、それに加えて不足しがちなものを補う必要性や、守るケアの重要性を実感しています。
今は特に素のきれいさが求められる時代です。いろいろな考え、価値観があると思いますが、私が思う“きれい”とは、きれいにしているという状態を保っていること。実はこれって難しい。
自分の肌の悩みに向き合いながらも、あきらめる必要はないことが証明できるよう、リアリティのある美しさを追求していきたいです。

rule.31

「40代からのスキンケアは人生最後の頑張りどころ」

エイジングケアの意味と価値

かつて、“保湿”はスキンケアの大きな目的でした。今ではそこにアンチエイジングという機能を求めるようになり、ただ潤すだけではなく、シワっぽさや肌のゆるみ感、毛穴の目立ちやくすみといった、より具体化してきた悩みにもどう対処するかが問題になってきました。自分の肌の深刻な悩みと正面から向き合わないといけないのが40代なんです。“今さら頑張っても仕方ない”という意見もありますが、でも、最低限のことをきちんと続けていれば、ひどい下降線をたどることもないと私は信じています。多くの女性に“あきらめるのは、まだ早い”と伝えたい。50代を迎えるにあたって思うのは、同じ世代間のギャップです。それまでの人生、生活スタイルや価値観によって、51歳と59歳はぜんぜん違うように思います。その差は40代の差以上です。とくに美容面での差は顕著なのではないでしょうか。コツコツ頑張っている人、あきらめてしまった人、理想の肌のために美容医療に頼っている人など……。お金に糸目をつけず、理想を叶えることは可能かもしれませんが、それは私が目指すところではありません。くすみやシミ、シワひとつない、まったく悩みのない肌はきれいなのかもしれません。だけど、美しさにリアリティがないのでは、と。シミ、シワの有無じゃなく、肌そのものが健康であること、が私の目指すところ。何を目標にするかを設定して、できる範囲で行えばいいんだと思います。今やスキンケアは多様化しています。どうケアしていくかによって、これからの肌は必ず変わっていきます。40代後半は正念場、踏ん張りどきです。

“くすみやシミ、シワのない肌は
リアルじゃない”

rule.32

「必要なのは潤い、ツヤ、キメ」

メイクアップされた肌がいちばんきれい、というのもひとつの褒め言葉です。自分の経験値の中から最大限のきれいを演出できることは、年齢を重ねてきたことのメリットですから。ただ、肌に纏っているすべてを脱ぎ去ったとき、すっぴんの美しさとは何なのかを考えたときに思い浮かぶのは、いきいきとしたツヤと美しいキメ、潤い感のある肌です。この３つは付け焼き刃では手に入らないからこそ、リアリティのある真の美しさを感じさせるのです。この「潤い、ツヤ、キメ」は、地道にお手入れをすれば手に入るものでもあるのです。こだわるべきは小さいシミやシワではなく、この３つです。

rule.33

「しなくてはいけない“最低限”のことが増えた」

どう落とす？　どう潤わせる？

ていねいに落とし、保湿をして、UVを防ぐ。これが、私がずっと続けているスキンケアの基本理念です。毎日のベーシックなお手入れを重視してコツコツ継続してきたのは、肌はメイクアップのように一瞬で変われるものではないからです。そして、今の課題は、このシンプルなケアを具体的にどうするかということ――どう落として、どう保湿するのか。季節により、コンディションにより、潤いが必要な場所や量に合わせて効果的に潤すテクニックや、サポートアイテムが必要になってきたのです。たとえば化粧水の前に使う導入用の美容液などがそうです。肌の機能が衰えてきている分、補うためのアイテムが増えるのは仕方のないこと。まずは自分の肌と対話して、必要なものを見きわめることから始めましょう。

rule.34

「40代からのお手入れは3本柱で考える」

1 肌を育む洗顔

クレンジング&洗顔論

クレンジングは、乾燥や吹き出物など肌トラブルの引き金にもなりうるもの。だから肌に刺激を与えず優しく落とせるものを、そして落としながらバリア機能を育める“美容液で洗うような洗顔”を心がけています。洗顔は、肌への刺激が少ない泡タイプがベストだと思います。

2 水分による保湿

化粧水論

持論ですが、ある程度の年齢になったら、マッサージやタッピングなど、肌への刺激は極力、避けるべきだと思っています。なので、化粧水は効果的に保湿できるスプレー式を作りました。肌に柔軟性を与えるための拭き取り用化粧水など、数種類ほど揃えておくといいと思います。

3 油分でふたをする

クリーム論

潤った肌にフタをするという意味で、スキンケアの最後にクリームは欠かせません。肌あれが気になったときなどは、クリームの量を増やした“倍塗り”もしますが、基本的には最小限の量です。肌の状態を見て調節しましょう。

rule.35

「長い一日の前に。重要なのは朝のスキンケア」

rule.33で、どう落とすか、どう潤すかについての視点をお伝えしましたが、ここから具体的なHOW TOを紹介します。まず、スキンケアは朝をメインに考えましょう。紫外線やストレスなど、刺激の多い外敵から肌を守るのが朝のケアの役割。たっぷり栄養を与えてきちんとケアをしておけば、夜のケアはシンプルでいいのです。スキンケアの基本は朝も夜も変えていませんが、「今日は紫外線が多い一日になる」と思えば、シートマスクを朝に使用するなどのひと工夫をプラス。肌が水分を蓄える力も弱くなっているので、効果的に保湿できる導入美容液は、定番にしたいアイテムです。目ヂカラのためのまつ毛ケア、そして一年を通しての課題であるUVケアまで行って、スキンケアは完了です。マスクを除けばトータルでわずか10分。効率がよく高効果なので負担にならないはずです。

肌なじみをアップさせる
導入アイテムは必須

洗顔は理想的な泡が瞬時に出てくるフォームタイプ。1回量はピンポン玉2個分程度。

洗顔後のまっさらな肌には保湿力を底上げしてくれる導入美容液を3～4プッシュ。

クロロフィルの緑色の泡で、潤いをキープしながら汚れを優しく落とす洗顔料。FTC パーフェクトムースG 200ml ￥3800

角質を柔らかくするフルーツエキスを配合。エイジングケア成分の浸透を助ける。FTC ステムイン ブースター 30ml ￥8000

and more

紫外線に負けない肌作りの要は朝のマスク

外にいる時間が長そうな日や、乾きが気になる日の朝は、シートマスクのケアをプラス。ビタミンCや潤い成分を補充して、日中の外敵からの守りを強化。

顔にフィットしやすい構造で、美白成分を隅々まで届ける。年齢が表れやすい首までカバー。FTC ザ ホワイトニング 3D マスク（医薬部外品） 1枚 ¥1400

美白ローションはコットンにたっぷり出し、顔からデコルテまで拭き取るように保湿。

エイジングケア成分を含んだ美容液ミストをかけてから、手でホールドしてなじませる。

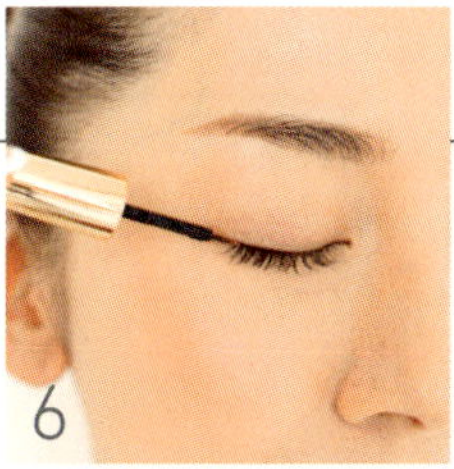

目ヂカラの要、まつ毛のケアは欠かせないステップ。まつ毛用美容液をていねいに。

美白と保湿、2つの働きかけでくすみを寄せ付けない肌へ。FTC ザ ホワイトニングローション（医薬部外品） 150ml ¥6000

フラーレンを高濃度配合した化粧液。FTC パーフェクト トリートメント ミストエッセンスRS／ザ・トワコミスト 120ml ¥7500

たっぷりの育毛成分が細くまばらになりがちな大人のまつ毛をケア。FTC パーフェクト ラッシュ セラム 4ml ¥3800

のばすときは力が入りにくい薬指や中指で

8

美白美容液を適量、シミが目立ちやすい頬を中心に、顔全体になじませる。

9

パール粒大のエイジングケアクリームを顔に少量ずつ5点置き、やさしくなじませて。

10

目元は専用セラムで、目のまわりを1回、囲むようにケアしたら指で軽くフィット。

メラニンの生成をおさえ、加齢に伴うシミやソバカスなどを予防。FTC ザ ホワイトニング セラム PW (医薬部外品) 30g ￥4600

豊富な抗老化成分で、日々の肌ダメージを最小限に。 FTC パーフェクト ラジカル ケアクリーム／ザ・トワコイズムプレミアム 50g ￥16000

年齢のサインが気になる目元には、アプリケーターでマッサージ塗りを。FTC パーフェクトアイ セラム 15g ￥7500

daily care

少しでも乾きを感じたら
携帯ミストで素早く保湿

ミニサイズの美容液ミストを常に携帯。乾きが気になったら瞬時にスプレーして、乾きをおさえます。トラブルになる前に、未然に防ぐケアを習慣に。

こまめな保湿でエイジング対策。FTC パーフェクトトリートメントミストエッセンスRS／ザ・トワコミスト 30ml ¥2200

11

12

UVケアクリームを顔全体に。首にも2プッシュ程度。耳の後ろやうなじも忘れずに。

紫外線と乾燥によるダメージから肌を守る。FTC UVパーフェクトクリーム プレミアム50 SPF50／PA+++ 30g ¥2848

塗りムラがないよう
均一にのばして!

13

出ている部分、とくに腕や手は焼けやすいので、のびのいいボディ用UVでケア。

のびがよいから、忙しい朝でもさっとムラなく塗れる。FTC UVパーフェクト ボディヴェール SPF50／PA+++ 50ml ¥2600

rule.36

「朝7：夜3が、大人の肌の新スキンケアバランス」

夜は、この後に紫外線など肌にストレスのかかる場所に行くわけではなく、寝るだけなので、気を配るのはていねいに一日の汚れとメイクを落とすということだけ。基本的には朝と一緒です。違いはクリームの量。普段は小さなパール粒大程度でOKですが、一日中外にいたり、肌あれしていると感じたときはたっぷり追加します。ケアのバランスは、朝が7、夜は3という感覚。このスタイルを続けてから、肌はより安定するようになりました。

まずは水分で汚れをゆるめるのがポイント

クレンジングの前に、クレンジング料とメイクが素早くなじむようにスプレーします。

保湿力のあるクリームタイプのクレンジング剤を3～5プッシュ。優しくなじませて。

抗酸化成分「フラーレン」配合。FTC パーフェクト トリートメント ミストエッセンスRS／ザ・トワコミスト 120ml ￥7500

肌の潤いをキープしつつ、汚れはしっかりと落とすミルクタイプ。FTC パーフェクト セラム クレンジングG 200g ￥3300

この後のプロセスはP53〜54の5〜10と同じです

マスクでのケアは朝優先ですが、まつ毛ケアは朝晩欠かさずに。ほかのステップは朝と同様。どんなに遅くなっても、コツコツ続けることが大事！

3

4

美白化粧水をコットンにとり、拭き取るように保湿します。肌の柔軟性を高めるのが目的。

コットンでの拭き取りは力を入れすぎずに

5

もう一度ローションケア。今度は美白化粧水を手のひらにたっぷりとって顔全体に。

美白成分「VCエチル」配合。成熟肌に、透んだ透明感をもたらす。FTC ザ ホワイトニング ローション（医薬部外品）150ml ￥6000

※P52〜57の掲載商品はすべてフェリーチェ トワコ コスメです。

rule.37

「不調を作らない大人肌の基本」

メイクを落とすとき、素肌に最初の潤いを与えるとき、実はいつも危険と隣り合わせにいることをご存じですか？　泡が少ない状態で洗ったり、コットンで勢いよくパッティングしたり、手が届きやすいところにばかり力が入ったり……そういう方、意外と多いんです。でも大人の肌に、不要な刺激は絶対に避けるべき。毎日の積み重ねですから、最初から理想の泡で出てくる洗顔料や、顔に触れることなくいきわたるミスト状の化粧液を作りました。これ、不調を作らないための基本中の基本とも言える大事な配慮です。

rule.38

「夏の肌の三種の神器とは？」

UVクリームでケアをしているものの、やはり紫外線を100％防ぐのは難しいので、物理的に肌を守れるものも活用しています。私の三種の神器は“日傘、UV対応手袋、サングラス”。この３つは常に持ち歩いて上の太陽からと下の照り返しからとを、360度防ぐ用意をしています。さらに、首やデコルテも日焼けしやすいので、UV対策をしたストールも愛用しています。通気性がよく、さらりとした質感のものがほしかったのですが、市販ではお気に入りのものがみつからず、ノベルティ用として自分で作ってしまいました（※同じものは現在お取り扱いしていません）。ジャブジャブ洗濯ができる鹿の子生地を使ったり、色や素材を毎年あれこれ替えて提案しています。

rule.39

「化粧品をどう使うか、どう作るか――私の化粧品哲学」

ひとりのコスメオタク、そして コスメ開発者としての使命

美しい肌は女性にとって何物にも代えがたいものだと、ずっと思ってきました。肌の美しさは見る人の印象だけでなく、自分自身の気持ちも左右し、なにより女性としての自信につながると思うからです。ですから、そんな美肌を求めて、美肌を叶える化粧品を探すということにかけては、私はシンプルにひとりの“コスメオタク”だと言えます。自分が化粧品開発に携わる前もたくさんの化粧品を試してきましたし、今でもいろいろと試しています。消費者であると同時に、メーカーでもあるという立場を考えると、“究極の毒見役”と言えるかもしれません。化粧品を作り始めたのも、「こんなものがほしい」「こんなものがあればいいのに」というオタク魂が強くなったことも理由のひとつです。でも、個人的にほしいと思うものが、多くのお客様が求めているものなのか、ふたつの立場はいつもせめぎあっています。一方で、自分がめざしている“美しさ”を迷いなく伝えていくことも重要だと思います。エスティ ローダーやヘレナ ルビンスタインなど、取り巻く状況は違いますが、商品に自分の名前を冠するブランドは海外では数多くあります。ひとりの人間がとことんこだわって作る化粧品という意味で、日本においては挑戦者であり、開拓者でありたいと思っています。化粧品開発者としては、本当に効果を感じられるものを作りたいという一心。美容成分の探究からテクスチャーやパッケージの研究まで、毎日心と身体を捧げています。もともと主人が皮膚科医だったこともあって、多くの皮膚科医の方々にアドバイスをいただいてもいます。自分の名前と顔を出しているので、言い訳はできません。

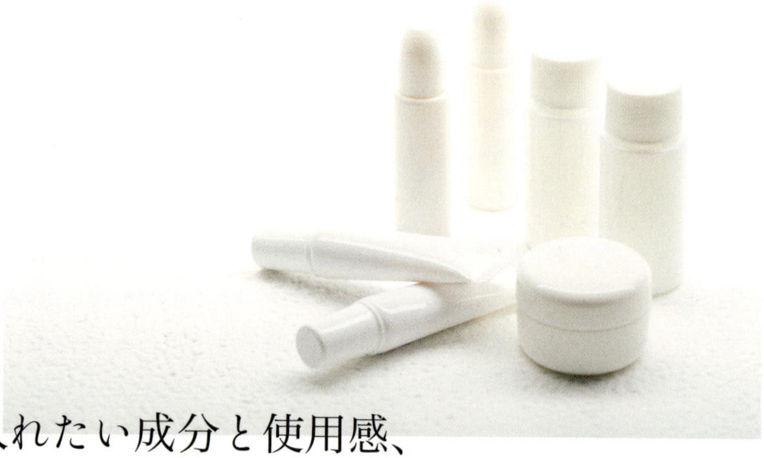

“入れたい成分と使用感、時代の気分とのバランス”

本格的にフェリーチェ トワコ コスメをスタートする以前から、製造メーカーや成分そのものの研究は始めていました。有効な成分をたくさん入れたからといって、肌に浸透しなければ意味がないですし、いくら肌にいいと言われても使い心地が悪ければ使ってもらえません。たとえば、化粧水は白濁したほうがいいのか、とろみがあったほうがいいのかなど、何度も何度も試作しては試して、というプロセスの繰り返し。現在もそれはずっと続いています。何しろ、日本の化粧品業界の開発スピードは、世界でもトップクラス。常に“something new”が求められていて、新成分に新処方、新しいテクスチャーなどが次々出てきますから、毎日が勉強です。以前、林（真理子）さんに「十和子さんは体育会系」と言われましたが、実は理科系とも言えるかもしれません。また一方で無視できないのが時代の気分やトレンドです。ある製品が人気なのはなぜなのか、その理由が気になります。その製品のよさがわからないと、それを超える製品は作れないと思うからです。「最高の成分を入れた最高の化粧品です」と言っても、時代の感覚と合っていなければ一人よがりなだけ。私なりにこだわった効果と安全性、嗜好品としてのパフォーマンス性、すべてのバランスを計りながら、一品一品をていねいに手掛けていきたいと思っています。

フェリーチェ トワコ コスメは、2000年に発売したUVクリームからスタートしました。当時は化粧下地で高いSPF値のものが少なく、無色透明で白浮きせず、SPF値が50以上でPAが+++、保湿力もほしかったのですが、これらの条件を叶えてくれる製品がなかなかありませんでした。それなら作ってしまおうと、試行錯誤の末に誕生したのがこのUVクリーム。発売以来、改良を重ねてパッケージも一新していますが、現在もトップセラーを続けていて、ブランドにとっても開発者にとっても、エポックメイキングなアイテムです。この一品の成功をきっかけに、美を生業《なりわい》としていく覚悟ができました。余談ですが、このUVクリームの発売後すぐ、日本のSPF表示は最高値を50+にすると法改正されたんです。

“すべては UVクリームから 始まった”

Column 02

医薬部外品＝優れている、という意味じゃない

医薬部外品と化粧品の違いとは

“なぜ医薬部外品ではないのですか？”と聞かれることがあります。そこで改めて、化粧品選びで大切なこのことについて触れたいと思います。ご存じの方もいらっしゃると思いますが、医薬部外品とは、世界で唯一、日本にだけ存在している商品です。医薬品と化粧品の中間に位置し、人体に対する作用の緩やかなものをいいます。厚生労働省によって認められた成分を配合した化粧品が医薬部外品として認められるのですが、申請にはちょっとした手続きが必要なだけで、成分の効果については化粧品と大差はありません。化粧品の場合は、含有量の多い順から配合成分表示を義務付けられていますが、医薬部外品は順不同でOK。なので有効成分が何%ぐらい入っているのか推測できないという落とし穴も。効果感や満足感の高い製品作りを優先すると、必ずしも医薬部外品である必要はなく、むしろ、おおいに可能性のある有効成分が使えないケースもあるのです。

rule.40

「キレイな50代のための美肌と体を作る栄養学」

良質なオイルとたんぱく質を摂る

健康と美肌、そしてアンチエイジングのことを考えると、良質なオイルとたんぱく質をきちんと摂るということは、これからとても重要になってくると思います。以前は、「すべての油は太るもと」と敵視して、あまり摂らないようにしていたのですが、40代になった頃、肌の変化に気づいたのです。ツヤ感が足りない、乾燥も気になってきた、と。自分自身からの皮脂の分泌量は年齢とともに低下するので、外から補って足りなければ内側から補うしかないのは当然。以来、良質な油を摂るように意識して、オイル選びも私なりにこだわるようになりました。合成油はなるべく避けて、自然由来の油オンリー。料理によく使うのはエキストラバージンのオリーブオイルで、香りの強さによって数種類を常備しています。そして、亜麻仁油も欠かせません。このオイルはオメガ３をたっぷり含むので、サラダにかけたり、スムージーに加えたり、生で摂取するようにしています。また、細胞を作るもととなるたんぱく質は、鶏や魚、乳製品などの動物性のものから、豆やナッツ類などの植物性のものまで幅広く摂ることが必要です。とくにお豆腐や豆乳などの植物性たんぱく質はよく食べるように心がけています。経験的に今思うのは、女性の美しさを作ることで大事なのは、何かを食べないとか減らすとかではなく、良質なものをまんべんなく食べるということ。私自身の体や肌に、その答えが返ってきているのを実感しています。

Recommend byTOWAKO

a オリーブを手摘み後、48時間以内にオイルへ。極力酸化させないように作られた、フルーティな香りのエキストラバージンオイル。フレスコバルディ・ラウデミオ 250ml ￥2800（チェリーテラス・代官山☎03-3770-8728）b 京都・吉兆の徳岡総料理長が和食のために作ったオリーブオイル。オリーブの種を抜いて搾る製法なので、繊細な味わい。アルドイノ エクストラバージンオリーブオイル 吉兆ラベル 100ml ￥1000（ワイングロッサリー☎075-841-3058）c 体に必要な脂肪酸、オメガ９（アボカドオイル）、オメガ６・９（オリーブオイル）、オメガ３（亜麻仁オイル）の３種類が１本に。オリバード オメガプラスオイル 250ml ￥2000（ヤカベ☎093-371-1475）d 生で摂るのがベストなので、朝の定番の野菜などのフレッシュジュースにスプーン１杯を加え、習慣にしているそう。有機亜麻仁油（オーガニックフラックスシードオイル）170g×2本 2860円（紅花食品☎03-5579-6061）

SPECIAL INTERVIEW 01

Now and then

As a mother, wife

左／高校の入学式のとき。制服がなかったので、学校へはいつも私服で通っていました。ラルフローレンやボートハウスなど、アメリカントラッドなテイストが好きでした。中・右／明治座の引退公演の楽屋にて。当時は、テレビも舞台も時代劇に多く出演していました。28歳の頃。

―― 妻として母として

子供の頃から、いつしか漠然と、
“お母さんになりたい”と思っていました。
今振り返ってみればですが、私にとっての結婚は、
自分の新しい人生を見つけた舞台であると同時に、
かつて思い描いていた人生のある場所でもあります。
かけがえのない家族がいて、好きな仕事があって。
娘たちが成長する過程では、苦労もありますし、
仕事もともにする夫と意見がぶつかることもあります。
ですが、それ以上に学ぶことがたくさん。
妻として、母として、今思うことをお伝えします。

TOWAKO TALKS *As a mother, wife*

Q ご主人と知り合ったきっかけとお互いの第一印象は？

A ファッション業界の人にしては堅い感じの人だな、と。

有名なメゾンのご子息なのに、すごく落ち着いた雰囲気に見えました。実際にはそれよりも前、君島一郎さんのウエディングのお仕事で、顔を合わせていたらしいのですが、そのときは関係者の方がたくさんいて、主人には気がつかなかったんです。後になって「初対面のときは無視された」と言われました（笑）。

ご主人談：女優という職業の人だから、常識とはちょっと違う感じなんだろうと思いこんでいたんですが、話してみたらすごくノーマルで、常識のある人だったのでびっくり。ある意味、大きな衝撃を受けました

Q 君島家を一言で表現すると？

A “友達家族”という言葉が近いかもしれません。

趣味や食べ物の好みも一緒ですし、4人で行動することも多いですし。

Q 結婚生活を振り返って。タイトルをつけるとしたら？

A 結婚して17年になります。「ちょっとずつ、ちょっとずつ」というか……。

少しずつ右肩上がりに“上方修正”しているような感じです。

Q 十和子さんにとっての結婚とは？

A 人生の目標というか、ライフワークを見つける糸口となったもの。

結婚によって、自分の生き方を追求することができるようになりました。

Q 結婚していなかったら何をしていましたか？

A たぶん、女優の仕事を続けていたと思いますが、一生続けていたかどうかはわかりません。

何もないところから自分の意思でものを作り上げ、発信するまでのすべてに責任を負うという今の仕事は、自分に向いていると思います。

このような場を与えられているのは本当に幸せです。

Q ご主人の長所、短所は？

A **主人は何事にも慎重で、“石橋をたたいて渡る”……というよりも、石橋をたたく道具から疑ってかかるタイプです（笑）。**

私にはない緻密さを持っているところが長所だと思いますし、仕事の面で助けられることも多いです。逆に、それがギャップとして感じることも。私とスピード感が違うんです。私が「今だ、よし、行け！」って勢いがついているときに、「ちょっと待て」とブレーキがかかると、「ああ、タイミングが合わないなあ」と思ったりしますね（笑）。

Q 妻として。自分の長所、短所は？

A 自分のことを分析するのは難しいのですが、長所は精神的に強いところでしょうか……。

柔軟性があるというか、なかなか折れにくいんじゃないかと思っています。

でも、けっこう緊張するタイプなので、そういう“びびり”なところは短所ですかね。でも、行動力はあるほうです。どちらかと言えば大胆と言えるかも。主人とは正反対です（笑）。

ご主人談：一人の人間として、生きることへの取り組み方がとてもまじめです。答えを見つけるための集中力、つき詰めていく行動力は、私よりもはるかに上。逆に、もう少し時間をかけて、ものごとをもっと多面的に見ることが必要なのでは、と思うときもあります

Q お嬢さんたちとはどんな関係？

A ふたりの娘は、タイプがぜんぜん違います。長女とは同志みたいな関係です。目を見れば何を考えているか、お互いにわかる。性格が似ているんですね。ちなみに、お風呂の温度は熱いのが好きなふたりです（笑）。そして、熱いお湯に入れない主人と次女も似ています。私にとって次女はちょっと不思議というか、読めないところがありますね。長女は高校生なので、私のダメなところもわかっているし、一方的に教えるというよりは提案するような関係性になってきています。「こうしなきゃダメ」というのではなく、「こうしたほうがいいんじゃない？」というふうに。次女はまだ小学生ですが、自我、個がしっかりありますね。長女とは感じ方や受け取り方がかなり違います。

**今では、“対・娘”というよりは、
“対・ひとりの人間”として接するようになりました。
ふたりからは、
個性というものを教えられています。**

Q 十和子さんにとっての吉川家は？

A 母は専業主婦で、いわゆる典型的なサラリーマン家庭。両親と兄妹３人、

**それぞれの個性を尊重して、
やりたいことを実現できるよう、
後押ししてくれました。**

居心地がとてもよい家だったので、女優の仕事を始めてからも、結婚するまで実家を出たことはありませんでした。

Q 娘たちの将来に望んでいることは？

A **自分に与えられた
役割みたいなものを
見つけられる職業について、
きちんと自己発信できる
女性になってほしいですね。**

娘とは、一緒に刺激し合える関係でいられるのが理想。「ママの話は古いよね」と、言われたくないですし、娘たちと同じようにアップデートしていきたいと思っています。

ウェディングドレスは夫のデザイン。細部までこだわってくれました。しかも、夫の母が仮縫いをしてくれたという、とても思い出深いドレスです。ヘッドドレスにいたるまですべて手作りなんです。

Q 子供の頃の自分に一言、言葉をかけるとしたら？

A 人前に出るというよりは、縁の下の力持ちといった立ち位置で、目立たないほうだったと思います。よく言えば夢見がちな、本を読んでぼーっとしているのが好きな子でした。だから、

「もっと早く目を覚ましなさい、
自分の感性を活かして
まわりのものに
好奇心を持って！
大丈夫だから！」

って、アクティブに背中を押してあげたいですね。

Q どんな家族でありたいですか？

A 小さな単位ではあるけれど、いちばん大切にしないといけない人間関係ですよね。

それぞれが外に出て傷ついたり喜んだり、
さまざまなことを抱えて帰ってくる場所なので、
そういったすべてを受け入れられる場所でありたい。

そのためには、自分たちに“親としての許容量”がしっかりないとダメだと思っています。居心地がよすぎて緊張感がない関係になってしまうのも、どうなのだろうとも思いますが……。昔は、主人と家の中でもしょっちゅう仕事の話をしていたんですが、子供たちには、その姿が喧嘩しているように見えていたようです。後から聞いてわかったことなのですが、ふたりとも不安に思っていたらしいんです。以来、家の中ではなるべく仕事の話をしないようにしています。子供たちが大きくなってきた今は、言いたいことが言える“風通しのいい環境作り”を心がけるように意識しています。

Q 自分を色にたとえると?

A ぱっと思い浮かぶのが

フューシャピンク。

そしてもうひとつがブランドカラーのグリーンです。以前なら白やベージュと答えていたかも。

Q 生まれ変われるなら?

A 若い頃は、男に生まれ変わりたいと思っていたんですが、今は

もう一度、自分に生まれ変わりたいと思っています。

Q 自分を花や樹にたとえると?

A 百日紅《さるすべり》

が頭に浮かびました。樹肌が白くてつるつるしていて、真夏なのにきれいな花をぱっと咲かせる姿が美しいなって。しかも逞しい。そこが自分ぽいのかなって。意外に思われるんですけど、30代の頃までバラが苦手だったんです。

TOWAKO NOW!

Q 好きな歌、忘れられない歌は?

A superflyの

『愛をこめて花束を』。

歌声も歌詞もエネルギッシュなので、家事をしたり、車の運転をしているときに聞くことが多いです。基本的にはクラシック音楽が大好きなのですが、最近はJ-POPも聞きますね。カラオケに行って歌うことはありませんが……ちなみに、主人は歌が上手なんですよ。

Q 影響を受けた本は?

A 繰り返し読んでいるのが、江國香織さんと辻仁成さんの共著

『冷静と情熱のあいだ』。

はじめて読んだのが結婚する少し前で、ひとつの話をふたりの作家の側から書くというスタイルや、人の愛し方の男女の違いなどが面白いと思いました。その後も折に触れて読み返しています。あとは和洋問わず、ノンフィクション、歴史や伝記ものをよく読みます。天璋院篤姫やハプスブルク家の話など、

歴史上の女性の話がとくに好きです。

Q 刺激を与えてくれる人、物、ことは？

A 仕事を通じて出会った人、自分のまわりにいる人すべて。

人との出会いそのものが大きな刺激です。ビューティを発信する人間として、新たな出会いへの好奇心はすごく大事にしたいと思っています。場所ではパリ。いつも心地いい刺激と感動を与えてくれるところです。

Q 良し悪しをジャッジする感度は？

A 早い方だと思います。今の時代は情報量が多いので、

ひとつのものに執着し過ぎると見えなくなってしまうことが多い気がします。なのでパッと即断即決！

判断力の早さは、長い人生経験（笑）の中で培われたものかもしれません。

Q&A

変わっていくもの、変わらないもの。
今、興味のあること、気になっていることなど、
最新の“リアル十和子”を探る Question & Answer！

Q 好きな映画は？

A 最近のものですが、マドンナが監督した

『ウォリスとエドワード』

いわゆる“王冠を賭けた恋”のウォリス・シンプソン夫人とエドワード８世の話で、着眼点も映像も音楽もよかったです。あ、これもノンフィクションの歴史物ですね（笑）。

Q 初対面の人のどこを見ますか？

A 肌を見てしまいますね。

Q 自分を動物にたとえると？

A 昔はダチョウって呼ばれていたんですよ（笑）。自分では、馬かな。

一心に走る競走馬。

主人はバンビって言ってくれましたが（笑）。

TOWAKO NOW! Q&A
More deeply…

Q 最近、笑ったことは？

A わりといつも笑っています。

昨日も、セーターを肩からかけた男性を見た次女が「ほら、あの人、“スポンサー巻き”してるよ」「それを言うならプロデューサー巻き！」みたいな。そんな些細なことに大笑いしています。

Q 最近、涙したことは？

A とにかく涙もろいので、映画やドラマを見てはすぐに……。

バラエティ番組でも泣いちゃいますね(笑)。ファミリーものにとくに弱いです。

Q 最近、嬉しかったことは？

A 仕事のことになってしまいますが、

自分がこうしたい、こうありたい、という方向に近づいているときはやっぱり嬉しい。

そして、自分が手がけた製品に対する評価がよかったときも。こだわって作った部分にちゃんと気づいてもらって、価値を見出してくださるのは、大きな喜びですね。

Q 怒ったことは？

A あまり怒ったりしないのですが、子供たちが“ここだけは”という一線を超えたとき、親としてきちんと怒るようにしています。仕事で怒ることはめったにありません。

むしろ、“自分に怒る”ことはありますね。

Q 習い事をするならば？

A 語学です。フランス語がいいな、と思っていたのですが、その前にまずは

英語をやらなくては！という感じです。

コミュニケーション法としてももちろんですが、たとえば、美しい、ということを表現するのに“beautiful”以外の表現をたくさん知りたいと思うんです。心を伝えるのに、単語ひとつじゃ足りないですよね……。

Q いま行きたいところは？

A ヨーロッパですね。なかでもスペイン。

行ったことがないので、エキゾチックで情熱的な印象に惹かれます。ガウディの建造物も見てみたいですね。ハワイも好きなんですが、紫外線が気になるので(笑)。

Q 気軽に行きたいレストランやカフェは？

A 友人とだったら **青山のビストロ『ル ゴロワ』。**
お野菜メニューがたくさんあっておいしいんです。冬場なら、
六本木のグランドハイアット東京の『CHINA ROOM』の火鍋をわいわい囲みたい。
アルコールがぜんぜんダメなので、食べることをメインで考えます（笑）。

Q 大好きなスイーツは？

A 銀座千疋屋の『桃のショートケーキ』。
銀座千疋屋の「桃のショートケーキですね。毎年、7月しか食べられない季節限定の味です。いちばん好きな果物はスイカですが、桃も同じくらい好き。

Q お気に入りの手土産を教えてください

A 最近は、
足立音衛門の『栗のテリーヌ』
栗がぜいたくにぎっしり入ったケーキなんです。手土産にするととても喜ばれます。

Q 信条を教えてください

A 仕事柄、よく言うのは「美は一日にしてならず」という言葉。ですが、私の素の部分で納得して感じられるのは
「人事を尽くして天命を待つ」
でしょうか。

Q 会ってみたい人は？

A サラ・ジェシカ・パーカー。
彼女が来日したとき、とあるファッションショーで見かけたことがあるのですが、細くてとても小柄で、でもすごくチャーミングだったんです。彼女の雰囲気がとにかく好きで……『SATC』のキャリーのキャラクターと混同しているかもしれませんが（笑）、ポジティブで行動力があるところに憧れます。

Q 今いちばんほしいものは？

A 時間。
一日24時間以上ほしいです。

Q 夢は？

A 世界中の方に日本の化粧品の素晴らしさを伝えていきたいです。
技術はもちろん、感性みたいなものまで。それが今の夢です。

50代を美しく乗り切るために今からできること①

[SPECIAL COLUMN 01]

青山研美会クリニック

阿部圭子先生に伺う

「美肌とホルモン・栄養の関係」

阿部圭子さん
青山研美会クリニック
院長

皮膚科医・美容皮膚科医。君島家の主治医の一人。インナーケアを重視したアドバイスに定評がある。

女性なら必ず通らなければいけない“アラウンド50”の壁。
直面するさまざまな問題に対してどう対処するべきか、
十和子さんが頼りにしている阿部院長にお話を伺いました。

女性ホルモンの分泌量の変化

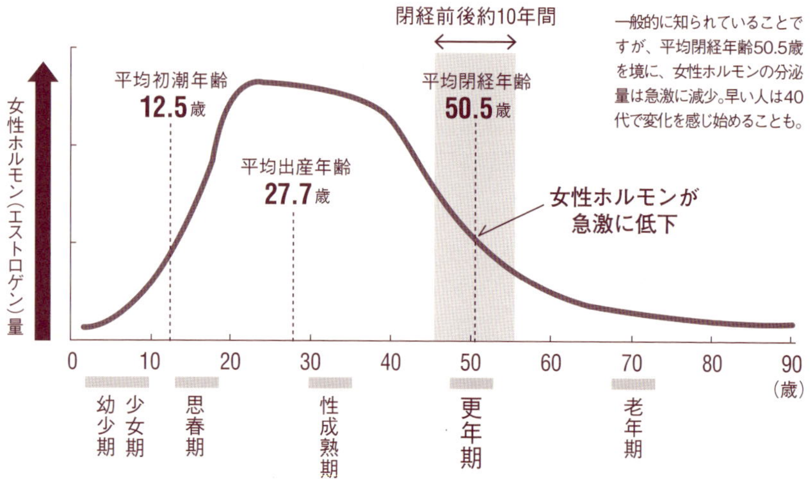

一般的に知られていることですが、平均閉経年齢50.5歳を境に、女性ホルモンの分泌量は急激に減少。早い人は40代で変化を感じ始めることも。

“アラウンド50世代”は何をするべきなのか

肌は“全てを語るもの”です。更年期世代の女性たちの肌を観察していると、多くのことが見えてきます。女性ホルモンのエストロゲン量が低下することにより、肌の潤いや皮脂量も低下します。外界からの刺激に弱くなるので、昔と同じようにゴシゴシ洗顔していたら、肝斑が目立つようになった人も。また、肌の代謝、ターンオーバーの周期は若い頃より約2倍も遅くなり、酸化や糖化の影響から、くすみやたるみといった悩みも出てきます。──肌だけでこれほど大きな変化があるということは、体内ではもっと大きな変化が訪れています。ですが、更年期の女性が直面するこれらの悩みに大きな影響を与えているのが、実は食事から補給する栄養素です。ホルモンバランスの乱れに伴って、補わなければいけない栄養素を見直す必要があるのが、更年期世代の女性なのです。

CHECK LIST

鉄
欠乏の
可能性大

- □ たちくらみ、めまい、耳鳴りがする
- □ 肩コリ、背部痛、関節痛、筋肉痛がある
- □ 頭痛、偏頭痛になりやすい
- □ のどに不快感（つかえ感）がある
- □ 生理前に不調になる、生理の出血量が多い

亜鉛
欠乏の
可能性大

- □ 風邪をひきやすい
- □ 洗髪後、髪が抜けやすい
- □ 食欲不振になりやすい
- □ 肌が乾燥しやすい、かぶれやすい
- □ 傷の治りが悪い、跡が残りやすい

タンパク質
欠乏の
可能性大

- □ 肉や卵などをあまり食べない
- □ ご飯やパン、麺などで食事を済ませてしまう
- □ 野菜中心、あるいは和食中心である
- □ スポーツをする。あるいは肉体労働である
- □ 胃薬をよく使う

ビタミンB群
欠乏の
可能性大

- □ 寝ても疲れがとれない。とにかく疲れる
- □ 記憶力が衰えている
- □ イライラしやすい。集中力が続かない
- □ アルコールをよく飲む
- □ 口内炎がよくできる

上記の項目で、該当するものをチェックしてみましょう。さまざまな体と心の問題は栄養状態と深く関係があります。各５項目のうち２つ以上該当する場合は、栄養素が不足している可能性が。女性の不調に深く関わっているのが、代謝に必要なビタミンB群、免疫に不可欠な亜鉛、貧血やコラーゲンの生成に関与する鉄、体の基礎となる細胞やホルモンを作るタンパク質など。不定愁訴や肌や髪のエイジング対策に、栄養素の補給をあらためて見直しましょう。

若々しく美しい50代を迎えるための心得

今を生きる大人の女性に必要な“健康と美肌のための心得”を、
阿部先生に指南していただきました。栄養素の見直しに
健康に生きるための3つの柱など、5つのキーワードを解説します。

KEYWORD 1

女性の体は7歳ごとに節目を迎えている

中国最古の医学書『黄帝内経《こうていだいけい》』に書かれていることですが、女性は7の倍数で体調の節目が訪れると言われています。女性としてのピーク、28歳を過ぎると女性ホルモンの量が低下し始め、35歳で肌にエイジングサインが表れます。42歳で白髪など髪の問題が深刻化して、49歳で閉経、気力と体力のターニングポイントを迎えます。これは数千年前も現代もほとんど変わりません。むしろ、現代人は49歳から先が長いので、どう健康に生きていくかの意識を持つことがより必要です。

KEYWORD 2

現代人に必要なのは「6時間、3日間」のルール

睡眠は、細胞すべての機能を修復するために必要なもので、統計的には最低6時間の睡眠が推奨されています。さらに美肌のことを考えれば、“ゴールデンタイム”と呼ばれる22時〜2時の間に眠っているのが理想ですね。また、栄養素を吸収する腸壁の再生には3日必要なので、3日続けての暴飲暴食は避けましょう。免疫力に悪影響を与え、美肌の妨げにもなります。胃腸の健康を保つことは、エイジングケアにおいて大事なファクターです。

KEYWORD 3

栄養検査【分子整合栄養学】のすすめ

前ページでも触れたように、イライラしたり、疲労感や体調不良など、いわゆる不定愁訴《ふていしゅうそ》には栄養障害が関係していることがあります。そうした心と体や肌の不調の原因として、どの栄養素が不足しているのかを知ることは重要なことです。最近は分子整合栄養学に基づく血液検査で詳しくわかるようになったので、成人病予防のためにも多くの方に推奨しています。クリニックでは、栄養指導やサプリの処方などを行い、改善を図ります。

KEYWORD 4

健康に生きるための3つの柱とは?

更年期を迎えた女性たちの多くは、肌や髪の衰えや、のぼせや倦怠感、疲労感、頭痛や肩コリといった症状を訴えるケースが多いのですが、それらの問題を解決するためには、栄養バランスを見直すインナーケア、外側からのケア、そしてストレスケアを心がけることが大切です。健康で美しく生きるための3つの柱を確認しましょう。

1 インナーケアの提案

現代女性が陥りやすい落とし穴がここにある

成人病の予防やエイジングケアに欠かせないのが、糖質制限を意識した食事です。肉・魚介類、卵・大豆製品の4大タンパク源をメインに野菜を多く、炭水化物は食事の最後に摂るといったバランスで。不足分はサプリメントで補うのがいいでしょう。上記に加え、美肌のためにはコラーゲンの元となる鉄分や肌を守る亜鉛の補給も必要です。

2 アウターケアの提案

肌の変化にあわせてスキンケアの見直しも

患者さんを診ていると、不調を感じている人ほど肌の悩みも多く、また、その逆も。必要なのはインナーケアとともに、外側からのケアで肌を活性化して潤いを補い、女性としての自信を取り戻すことです。ただ、年々ターンオーバーは遅くなり、肌は刺激に弱くなっています。どうにもならないときは、美容医療に頼るという選択肢も。

3 ストレスケアの提案

ストレスケアの第一歩は体を動かす習慣から

ホルモンバランスの乱れによって眠りが浅くなることも。自律神経の働きを整えるためには、体を動かす習慣をつけましょう。消化器官の改善にも役立つ、ウォーキングや軽いジョギングなどの有酸素運動やストレッチ、ヨガなども効果的です。脳の幸せホルモンと言われるセロトニンを出すためにも、適度な運動は欠かせません。

KEYWORD 5

“アラ50世代”の女性の心得

女性ホルモン分泌量の低下に加え、加齢による免疫力の低下や血行不良の問題、また酸化や糖化による弊害が顕著になってくるのが、アラウンド50、更年期世代の女性たちです。まずは、体と心の小さな変化を見逃さないようにしつつ、3つの柱のケアを心がけ、予防することから始めましょう。結果は必ずついてきます。同時に、リラックスできるような環境作りや、好奇心を失わないよう、ポジティブな発想を持つことも忘れずに。女性の寿命を思えば、50という数字は、人生のひとつのターニングポイントでしかありませんから。

50代を美しく乗り切るために今からできること②

[SPECIAL COLUMN 02]

ラ・フォイーユ

中垣葉子さんに習う
「骨盤底筋群の鍛え方」

中垣葉子さん

ジャイロトニック認定プレトレーナー・コンディショントレーナーほか。女性の体について熟知。

最近、テレビや雑誌で取り上げられることの多い骨盤底筋群とは、別名“モテ筋”とも言われる女性特有のもの。若さと健康を保つために必要なこの筋肉を鍛えるレッスンを、十和子さんも通うラ・フォイーユの中垣さんが教えます！

骨盤底筋群を鍛えることはなぜ大事なのか？

このところよく耳にするようになった“骨盤底筋群”というキーワード。この筋肉が衰えると、尿モレやお腹ぽっこり、月経不順など、さまざまな悩みを引き起こすと言われています。実は私も、30代前半で出産を経た後に、尿モレという悩みに直面したことがあるんです。幼い頃からダンスを続けていて筋力には自信があったので、本当にショックでした。以来、骨盤底筋群を鍛えるトレーニングを続けたおかげで、ふたり目の出産時は何も問題ありませんでした。その経験から、多くの女性にこの筋肉の重要性を伝えるようになったのです。骨盤底筋群とは、肛門から膣の間、自転車に乗ったときにサドルにあたる部分のハンモック状の筋肉群のことを言います。子宮や膀胱、内臓を下から支えている筋肉なのですが、これらの筋肉は妊娠や出産、肥満や加齢、ホルモンバランスの乱れによって徐々にゆるんでいきます。そうなると収縮する力が弱まり、尿モレや内臓下垂、血行不良といった問題が起こってきます。さらに、骨盤を支える力も弱くなるのでボディラインにも影響を与えるように。デスクワークで座りっぱなしの人も要注意です。年齢を問わず、骨盤底筋群をケアすることは、女性がイキイキと輝いているために欠かせないものなのです

[骨盤底筋群の位置を知る]

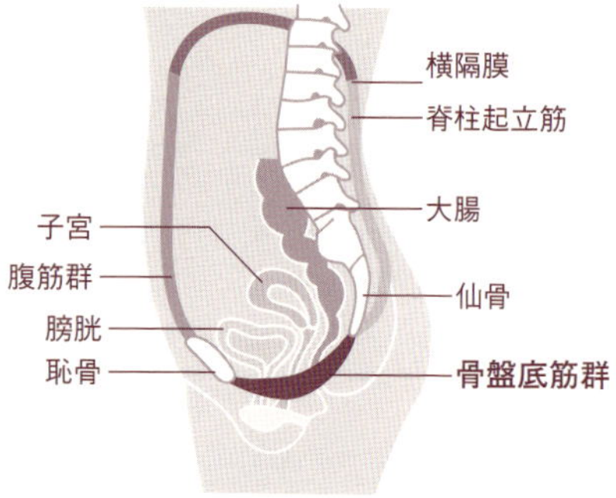

骨盤底筋群とは骨盤の底に位置し、膀胱や子宮などが下がらないよう下から支えている筋肉群のこと。深会陰横筋、尿道括約筋、肛門挙筋、尾骨筋などで構成されている。肛門や膣の収縮、弛緩に必要で、20代で10cm程度ある厚みが50代では2〜3cmまで薄くなるという。

こんな自覚症状があったら要注意！

CHECK LIST

- ☐ 脚がO脚、またはX脚気味だ
- ☐ 最近、お腹だけぽっこり出るように
- ☐ 尿のキレが悪くなってきた。尿モレの経験がある
- ☐ ももの内側の筋肉、内転筋だけ発達している
- ☐ 座りっぱなしの時間が長い。生理不順だ

トレーニングの前に正しい姿勢をチェック

正しい
立ち方

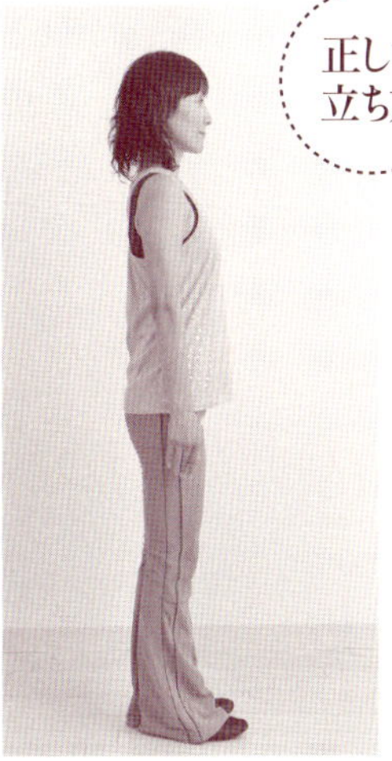

check!

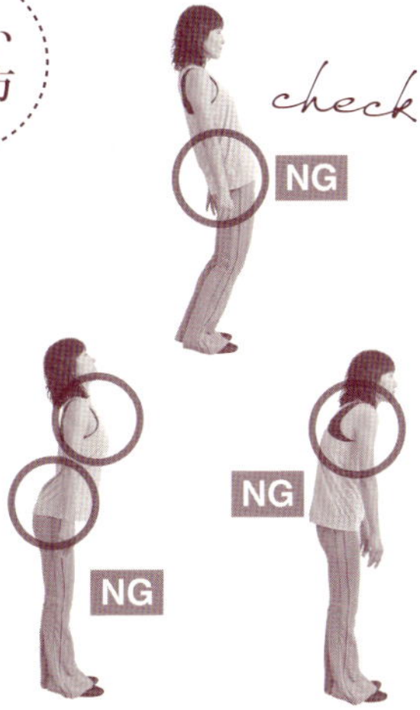

慣れるまでは自分の立ち姿を姿見で確認を

どんなトレーニングでも、正しい姿勢で行うことほど大事なことはありません。初めは鏡を見ながら行いましょう。まず、耳たぶから真下におろしたラインに肩の中央がくるように立ちます。首が伸び、背筋はゆるやかなS字を描いていること。骨盤は左右対称になるように意識してください。そり腰や猫背にならないように注意。

正しい
座り方

check!

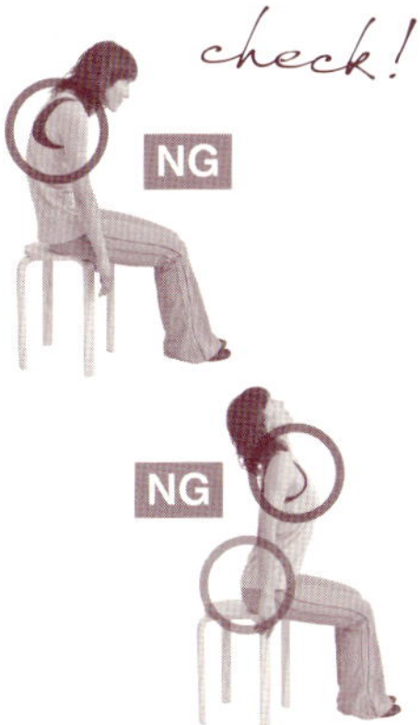

デスクワーク中でも意識できる基本形を覚えよう

テレビを見ながらや、デスクワーク中でもトレーニングは可能だから、正しい座り方を覚えておきましょう。左右のヒップのそれぞれ中央にある坐骨をいすの天面につけ、骨盤に背骨を乗せるようなイメージで座りましょう。自然なS字を描きながら背筋を伸ばし、アゴを軽く引いて。骨盤を立てて座ることを意識しましょう。

POINT

壁を利用して簡単に正しい立ち方を確認

左右の肩や腰の高さなど、正しいポジションかどうか不安な人は、壁を利用してチェックを。壁にかかとをつけ、ヒップ、肩甲骨、肩、頭の５ヵ所が均等に、壁に軽くふれているような状態で立ちます。体のどこにも力が入っていない、楽な姿勢であることがポイント。正しい位置であれば、１ヵ所でも無理な力が入ることはありません。

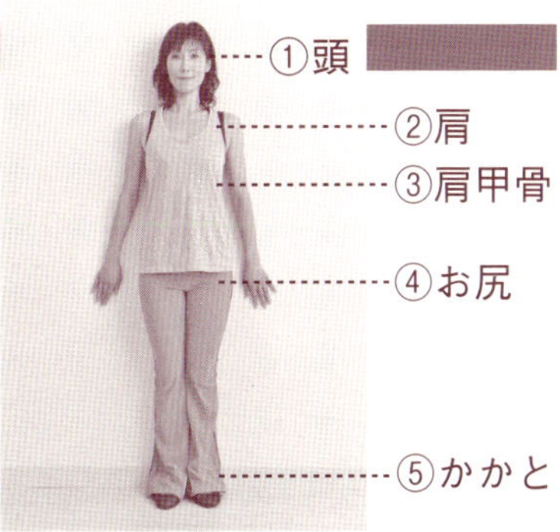

地味だけど効く！　骨盤底筋群トレーニング

中指を肛門に当て、位置を確認

肛門と膣を締め、上に引き上げる

手を添えたままお腹を凹ませる

さらに内ももを締めたまま5秒間

脱力してリラックス（これを計5回）

まずは骨盤底筋群の位置をチェック。手のひらをおしりの下に当て、中指を肛門に当てたところから手首までがその場所です。このトレーニングは、瞬発力を支える速筋と持久力を支える遅筋の両方の筋肉を鍛えるのが目的。呼吸は肛門を締めるときに吐き、リラックスのときに吸います。勢いよく息を吸うと腹圧がかかって骨盤底筋群を下げてしまうので程よく。

CHECK POINT

トレーニングの効果を上げる「骨盤の調整」

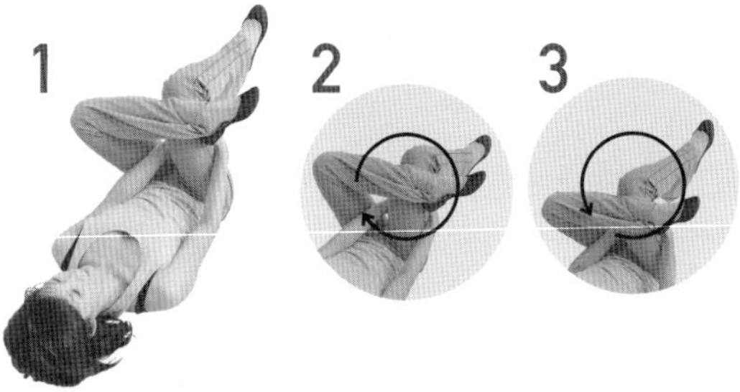

寝ながらできる骨盤調整1

骨盤が歪んでいると効果がダウンするので、まずはこの2つのエクササイズから始めるとベスト。仰向けの状態でひざを軽く曲げて、片方の足をもう片方のももの上にかけます。下になっているももの後ろで手を組み、そのままの姿勢でヒップを軸に、下の足を円を描くように回します。左右それぞれ4回転ずつ。

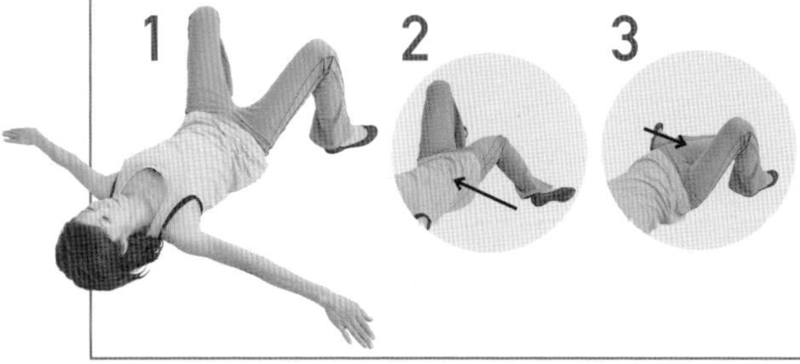

寝ながらできる骨盤調整2

仰向けの状態から両腕を肩の高さに開き、手のひらを床につけたたまひざをたて、肩幅より少し広めに開きます。仙骨が浮かないようにして脚を片側に倒します。左右交互に10回行って終了。脚を倒すときは、肩が床から離れないように、また骨盤が正しい位置にあることを意識して。

クッションでもOK
挟みやすいものを
1
2

EXERCISE 01

P79で解説した正しい姿勢を意識して立ち、巻いたバスタオルを内ももの間に挟みます。息を吐きながら、両もも、肛門、膣を締め、タオルを押さえ込むように力を入れます。5秒間キープしたら息を吸いながら脱力していきます。この動作を5回繰り返し。下腹部の筋肉も使うので、ぽっこりお腹にも効果的です。

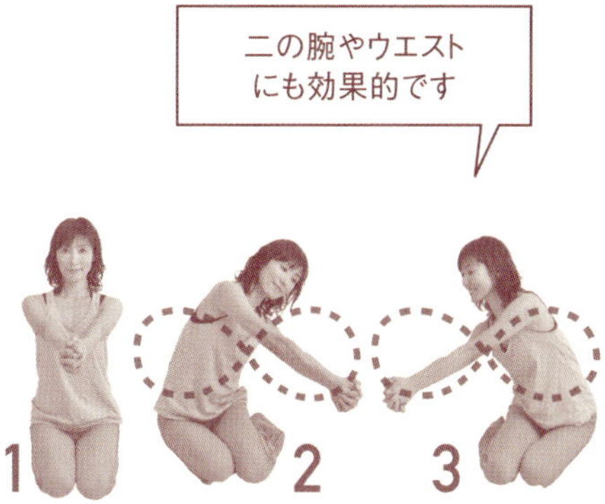
二の腕やウエスト
にも効果的です
1
2
3

EXERCISE 02

姿勢を正した状態で正座をしたら、肩の高さで両手を組んでまっすぐ突き出します。その状態のまま、おしりを軽く浮かして、腰を左右にひねります。そのときに腕を横長の8の字を描くように回転させ、これを5回繰り返します。腰をひねる際に骨盤底筋群が鍛えられ、二の腕のシェイプアップも狙えます。

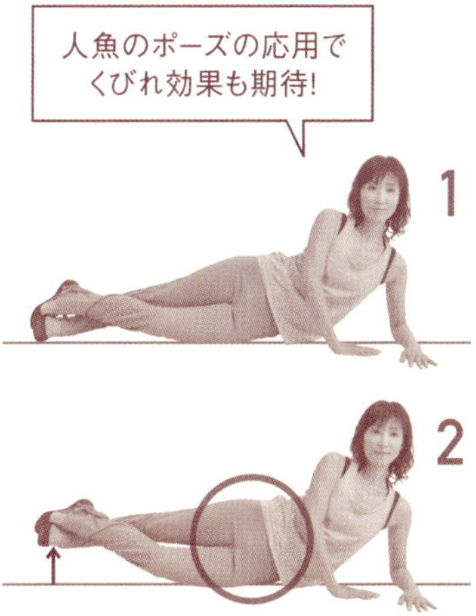
人魚のポーズの応用で
くびれ効果も期待!
1
2

EXERCISE 03

体を横にしたまま、手のひらで床を押すように上半身を起こします。その際に、骨盤を倒さないように意識。足を交差したまま内ももをしっかり締め、その姿勢で足を上げ下げ。これを5回繰り返し、反対側も同じように繰り返して計10回でワンセット。ウエストの筋肉も使うので、くびれ効果も期待できます。

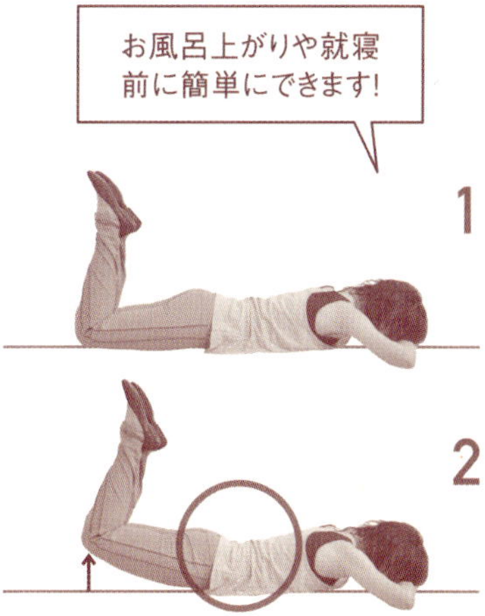
お風呂上がりや就寝
前に簡単にできます!
1
2

EXERCISE 04

うつぶせに寝たまま、腕をおでこの下で交差。足を揃え、ひざを直角に曲げながら肛門を締め、その状態でおしりから上に持ち上げます。3秒間停止して、力を抜いて足をもとに戻します。無理におしりを持ちあげると、腰に負担がかかるので、反らし過ぎないように注意を。このトレーニングは5回でワンセットです。

CHAPTER.04

Fashion Rules

【ファッション編】

デニムを私らしくはきこなせるようになったのは
45歳を過ぎてから。それまでは体型的なコンプレックスから、
デニムは自分には似合わないと、頭から決めつけていました。
でもあるとき、どうしたら克服できるのかを考える
楽しみを自ら捨てていたことに気がついて……。
ベージュなどシックな色ばかり着ていた私が、
カラフルな色を纏うようになったのも実は最近。
年齢とともに似合うものは変わってくるし、
苦手なものを敬遠してばかりいると自分の可能性も
狭くなってしまいます。今の私の“心地いい”に
寄りそうファッションをここではお見せします。

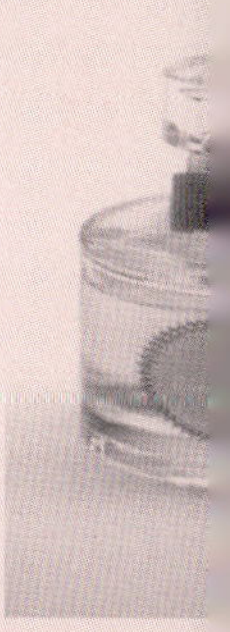

rule.41

「“君島十和子”を裏切らずアップデートするということ」

「和樂」から「Popteen」まで研究しています

みなさんが持っている“君島十和子”というイメージを崩さずに、時代の空気を反映した“アップデート版君島十和子”になっていきたいといつも思っています。身に纏うファッションはかなり真剣になって探しますし、いろいろなものに挑戦するようにもしています。私は雑誌世代なので、自分が読者世代である「和樂」から、娘たちが読む「Zipper」や「Popteen」までチェックしています。ファッション誌のページをめくっては端を折る、といった感じで研究しています。デパートも伊勢丹や三越にも行きますが、渋谷の109やルミネ、パルコなどにも行くんですよ。

rule.42

「夫というスタイリストのアドバイスを参考に」

主人は、オートクチュールメゾンの家庭で育ったので、お金を出す価値のあるものを見分ける審美眼は確かです。女性的な感性と男性ならではの感性を持ち併せていて、仕事基準で選ぶお洋服に関しては、好みが明確です。ときどき意見が合わないこともあるのですが、“君島十和子”のイメージに似合うものを、私以上によく理解してくれていると思います。髪型やメイクアップにもこだわりがあって、無造作にしていると「髪を巻けば？」って言われたり（笑）。ハワイのようなリゾートに行っても、子供の出産で入院中でも「ホットカーラーは必要だから」って持ってきてくれます。美意識が高い分、かなり手厳しいスタイリストですが、アドバイスは的確なので信頼しています。

“丈だけじゃなく
ラインやシルエット、
襟ぐりや袖まわりのフィット感で
服はやぼったくなる”

rule.43

「服はお直しするのが基本」

お洋服を美しく着こなすためには、自分のサイズに合ったものがベストですが、ドンピシャというものはなかなかありません。丈はもちろんですが、ボリュームのない胸まわりや脇などの年齢感が出やすいパーツは、とくにフィット感が気になります。デコルテが露出し過ぎるUネック、腕が中途半端に太く見えるフレンチスリーブは私の体型には似合わないので、まず選びませんし、ノースリーブの袖ぐりは必ずと言っていいほどお直しします。どんなに素晴らしいドレスでも、体に合っていなければ美しく見えませんから。主人は数ミリ単位のサイズ感にもうるさい人です。カジュアルな日常着であっても、生地や縫製が気になればダメ出しをします。そんな厳しい審査を通るため、ワードローブの８割を占めるワンピースは、ほとんどお直ししています。

rule.44

「ジュエリーは毎日使える飽きないもの、譲れるもの、が選ぶ基準」

私はすごく気に入っているものを毎日つけていたいタイプ。薬指につけている中央のダイヤリングは、義理の母から譲り受けたもの。このダイヤに合わせて、主人がプレゼントしてくれたものをコーディネートするのが定番です。なので、おのずと他のアクセサリーや靴の金具なども、プラチナやシルバーといった白い光のあるもので揃えるようになりました。ブランドにはこだわらず、飽きずに毎日つけられるもの、ふたりの娘たちに譲れるもの、というのがジュエリーをセレクトする基準です。

rule.45

「大人こそ、パールのレフ板効果、白襟効果を味方に」

最近、すごくパールに惹かれます。以前はアクセサリーのひとつとしてパールがあると便利、くらいに思っていたんですが、年齢的に似合うようになったことと、海外に行くと、パールというのはひとつのステータスアイテムなんですね。最初は120cmくらいのロングネックレスが素敵だと思っていたんですが、実際に合わせてみると、私には首まわりに沿う長さのものがしっくりきて。白襟と同じような効果があって、レフ板をあてたように顔まわりがぱっと華やぐんです。そんな効果が嬉しくて、以前に比べて出番がぐんと増えました。自分の肌の一部のようにできるパールがひとつあると重宝すると思います。

rule.46

「靴はヒール7cm以上でスイッチを入れる」

パーティやイベントのときには、ドレスとのバランスで14cmのヒールを履いたりしますが、仕事のときは7cmが基本。そんなに高くはありませんが、ヒールを履くだけで気持ちがオンに切り替わります。カジュアルダウンしたファッションでも、どこかに女性らしさを残したいときはヒールを合わせます。ぺたんこな靴はほとんど履きません。ラクな靴でいると、姿勢や脚の仕草が緊張感のないものになりやすいので、気をつけるようにしています。

rule.47

「“ワンピース×カーディガン”スタイルは、色使いや小物でトレンド感を」

オフィスのファッションで、圧倒的に多いのがワンピース。1枚でOKというコーディネートの簡単さも魅力ですし、きちんとした印象も出せますから。ですが、好きな理由は、なにより私らしいアイテムだと思うからです。シルエット的には上がタイトで下はフレア、のように、動きやすいのにフェミニンなものが多いですね。スカート丈はひざ上5cmが基本。カーディガンの色みや小物で今年らしさをプラスしますが、ちょっとした肩のラインなどでその年の空気感が出てしまうので、古く見えるものはシルエットからお直しします。

Office style

Office style

rule.48

「年を重ねるほど、色のパワーがほしくなる」

以前は、ベージュや白黒、紺などベーシックカラーばかりでしたが、最近は仕事場でもきれいな色やヴィヴィッドカラーを積極的に着るようになりました。鮮やかな色を纏うと気持ちが華やぎますし、色の持つ効果ってすごいと実感します。若い頃は色のパワーに負けていたのが、なんとか着こなせるような年齢になったのだと思います。ファッションだけでなく、メイクアップも同じです。以前は唇にはピンクベージュ系一辺倒だったのが、明るめのピンクを選ぶようにもなりました。

rule.49

「デニムこそ アップデートが必要」

ずっと苦手意識を持っていたデニム。でも、ミラノやパリのマダムたちがおしゃれにはきこなしているのを見て、３年ほど前から挑戦。店員さんに「私はこういう年齢でこういうテイストで、こんな体型の悩みがあって……」ととことん相談して買いました。インディゴも持っていますが、自分らしく着こなせるのがホワイトデニムです。カジュアルダウンはせず、上品なアイテムをあわせたり、きれい色でコーディネートしたり。足元はヒールを､裾はロールアップして足首を見せるなど、エレガントさをプラスして、どこか女性らしいヌケ感があるのが私らしいと思っています。

Denim style

rule.50

「裾のロールアップをあと1折りするかどうか、袖をどうまくるか……服はただ着れば成立するものじゃない」

洋服の着こなしには､時代の空気を感じさせる“こなれ感”が大事です。たとえば、生地のヨレ具合や色の落ち具合、裾のロールアップの回数、そして長さなど。店頭に飾ってあったアイテムをそっくり身につければ成立するかというと、そうじゃないんですね。自分の体のラインや皮膚感、気持ちに沿っていないと、やはり浮いてしまいます。あとは着るのみ！　とくにデニムは、何度もはき慣れることで体になじんでくるのだと思います。

rule.51

「服はバランス。ブーツ×タイツの重い足元には、マフラーなどの小物で目線を上に」

冷え性なので機能面も考え、冬場はタイツにブーツというスタイルが定番です。タイツといってもセーターみたいに厚いものをはくので、おのずと足元がどっしり重たい印象に。なので、目線を上げるようなコーディネートを常に考えていますね。たとえば夏にははかないようなミニや、上にボリューム感のあるアウター、マフラーなどの小物類を多用したり。車での移動が多いのでウールのコートより軽いダウン。これもショート丈をチョイスして視線を上に。軽やかに見せるバランス命（笑）です。

Casual style

rule.52

「子どもの学校行事でも、どこかに甘さやフェミニンな要素を入れるのが私らしさ」

娘たちが大きくなった今は、いかにもなカチッとした紺よりは、ブラックフォーマルのテイストを取り入れるように。ほかのお母様方もそうですが、枠にあてはめながらも、どこかに自分らしさを盛りこむよう、スーツスタイルにひと工夫しています。私の場合は、マイクロネットのストッキングやプレシャススキンの靴、華やかなブラウスを合わせたり。ボタンも同色のものから華やかなものにつけ替えたりと、小さなことですが、自分らしいアレンジを楽しんでいます。

Formal style

Event style

rule.53

「やっとピンクが似合う年齢になった」

イベントやテレビ出演のときには、パキッと鮮やかなピンクや柄ものを着こなすようになりました。“見にきただけの価値はある”とお客様に満足して帰っていただきたいので、目に鮮やかなインパクトのあるものを選ぶようにしています。30代の頃は、「ある程度の年齢にならないとピンクは着こなせない」と主人にダメ出しされていたのですが、今はむしろ、色で悩んだときは「ピンクを着てみれば」と。やっと許可が出て（笑）、似合う年齢になりました。こういう発見があるのも、年を重ねる醍醐味だと思います。

Party style

rule.54

「パーティシーンでは、夫婦でのバランスを見てベーシックな色を選ぶ」

フォーマルなパーティは夫婦単位で出席することが基本なので、カラフルな色のドレスより黒などのシックな色を選びます。お嬢様っぽいラブリーなものではなく、クールで甘さ控えめなデザインのものを選んで、髪もアップスタイルでまとめます。この深いネイビーのドレスはジレがセットなので、男性が多いシーンではジレをあわせて肌の露出を控えます。とくに海外でのフォーマルシーンには、夫婦でのまとまり感を意識しますね。

rule.55

「私の根底にいつもいるのは、オードリー・ヘプバーン」

メイクや髪型、そしてファッションなどに悩んだとき、いつも参考にしているのが映画の中の女優さん。スタイリッシュでありながら上品さを失わないスタイルに憧れます。とくに私はコンサバティブなファッションが好き。オードリー・ヘプバーンが映画の中で着ていたような、ウエストがキュッと締まってスカートがふわりとしたワンピースや、清潔感がありながら甘さを含んだスーツスタイルなどに憧れていました。それが自分のスタイルの根底にあるように思います。

Column 03

40歳からのピンクの洗礼

以前は似合わない色だと思って敬遠していたのですが、40歳を境にその反動からか（笑）、いきなりスイッチが入った状態に。最初はパステルピンクから、慣れてくるとフューシャやネオンまで、ピンクの前を素通りできなくなってしまったんです。ショートカットで男の子みたいな子供だったので、ピンクに憧れがあったのにピンクを着ることがないまま大人になり、やっと今洗礼を受けた感じです。ここで紹介したのは私のピンクコレクションの一部ですが、ピンク熱に加速度がついたのは、エルメスのバーキンを手に入れてからでしょうか。それまではブランドカラーであるフェリーチェグリーンの小物ばかりだったのですが、これがバーキンに似合わない。なので、手帳もお財布もピンクのものがほしくなって……。やっと似合うようになった色ですし、華やかな気持ちになれるので、しばらく偏愛ブームは続きそうです。

rule.56

「どんな服とも合う、時間対効果がいちばん高いのがフレンチネイル」

“シルバーラメラインのベーシックなデザインが基本形”

私が惚れ込んだ、黒崎えり子さんの真骨頂の“ザ・フレンチ”です。白とピンクベージュとの境目がすっきり見えるシルバーラメのラインを入れてます。

15年前にネイリストの黒崎えり子さんと出会ってから、今も変わらずに黒崎さんのサロンでネイルをお願いしています。ジェルネイルが登場してからはずっとジェル。基本のデザインは白×ピンクベージュのフレンチネイルで、一年の約半分はこの基本形です。あとはななめにしたり、逆フレンチや地色をクリアにしたり、ストーンを加えたりなどアレンジしています。爪の先が白いと遠目からも目立って見栄えがいいというのもお気に入りの理由です。時間との費用対効果を考えると、フレンチは圧倒的！　人より爪が大きいこともあって、華やかな濃い色を持ってくると、手元ばかりが強調されて自分で落ち着かなくなるんです。ベージュなどのなじみ色は娘たちからダメ出しされるので、地味になり過ぎないようにも気を使っています。

French variation

variation 1

時短したいときの
鉄板レースフレンチ

モード感が高く、近目の満足感もあるわりに時間がかからないので、オーダー率が高いデザイン。境界線をストレートにして境目をレースで隠せばOK。

variation 2

気分転換するなら
キラキラ逆フレンチ

爪先に白という基本形が続いて、気分転換したくなったときや季節の変わり目にオーダーするデザイン。ボーダー上にストーンをつけて華やかに。

variation 3

指先が長く見える
ななめフレンチ

基本のフレンチをななめにデザインして、アレンジを加えたもの。爪先はピンクベージュで地をクリアに。普段ネイルのバリエーションです。

rule.57

「手元がクローズアップされるときは短めの“男前”フレンチ」

普段は短くラウンドに整えていますが、イベントで大勢のお客様の前に立つときは、少し角のあるスクエア形に。化粧品作りに真摯に取り組んでいる姿勢をお伝えしたいし、私の“体育会系”の部分をきちんとわかっていただけたらと思って。信頼を持っていただけるよう清潔感を重視して、男前に仕上げています。

rule.58

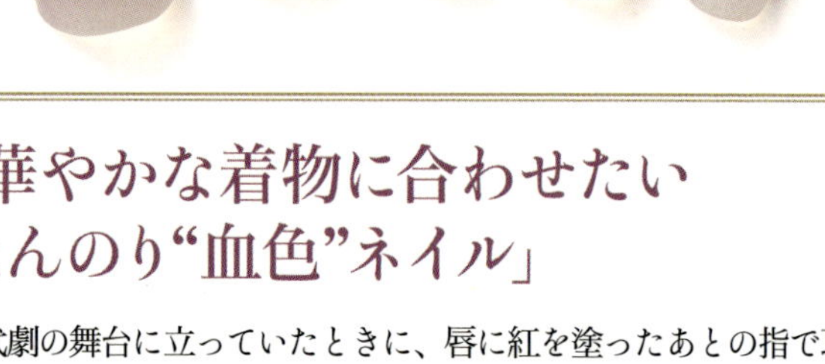

「華やかな着物に合わせたいほんのり“血色”ネイル」

時代劇の舞台に立っていたときに、唇に紅を塗ったあとの指で耳たぶと指先に染める……というお化粧の方法を習いました。血がすけているような指先に奥深い女性らしさを感じて。ベースをクリアに、爪先を珊瑚色のグラデーションで仕上げてもらったのがこのデザイン。和の装いのときのとっておきです。

rule.59

「パーティでは爪だけが目立たないよう“マイナス”発想で」

パーティドレスはどうしても肌の露出が多くなるので、肩から指先、足元まで一体化して見えるようなデザインを意識。暗い照明の中でも、動いたときにキラキラするストーンをあしらって。ジュエリーをつけているのと同じくらい気持ちも華やぎます。

rule.60

「リゾートでも色でカラフルにしないのが十和子流」

リゾートだからといって、カラーで派手にすることはあまりしません。コーラルやブロンズなど、リゾートにぴったりなじみながらも、肌がきれいに見える色を選びます。その分、カラフルなストーンをたっぷり盛ってゴージャスに仕上げるのが定番です。

rule.61

「アクセサリーより重要な香りの意味」

フランスで調香したスパイシーでキレのある優雅な香り。オードゥ トワコ 50ml ¥8000／フェリーチェ トワコ コスメ

美容の仕事をしていると、最終的に香りの世界に到達します。それまで自分の生活の中では、香りというものにあまりこだわりがなかったのですが、主人が、幼い頃から香りを嗜《たしな》む家庭に育ったので、結婚してから香りに対する意識は大きく変わりました。パリのカルティエに行ったときに、調香師の方と会う機会があって、そこで特別に見せていただいたオートクチュールの香水に衝撃を受けたことがあります。カルティエでは、宝飾品を注文するように香りを注文できるのです。パーソナリティを知るセッションを3回ほど繰り返し、約1年後にその人のためだけの香りができあがるというんです。西洋の方々にとって、香りはアクセサリーより優先される大切なもの。日本とは違う香りとの接し方、香りを纏ってはじめて一人前の女性として認めてもらえる文化を学びました。以来、“自分の香り”を探し続け、構想から5年かけて、“オードゥ トワコ”が完成。パーソナルな香りはジュエリーと同じくらいの価値があるものだと思っています。

rule.62

「十和子流・香りの流儀」

仕事に向かう車中で、仕事が終わってプライベートな時間に戻るとき、イベントでお客様と接するとき。スイッチを入れるときもリラックスするときも、気分にあわせて香りを楽しみます。香りは自分を主張するファッションアイテムでありながら、どんな場所にいても自分らしくいられる“お守り”みたいな存在。普段は手首の内側や首筋に。香りを主張したくないときはおへそのあたりにシュッとつけています。メイクはしなくても気持ちにあわせて香りを纏う、そんな提案をしていきたいですね。

rule.63

「自分を表す香りと生きること」

今でこそ日常的に香りに囲まれて生活していますが、若い頃は、香りは特別なときに纏うものだったので、香りの存在に重きをおいていませんでした。美容の仕事に関わるようになってはじめて、香りの持つ大きな役割に気づき、改めてこの世界に接するように。香りのおもしろさは、人の記憶と深く結びついていることです。ある若い女優さんが、古典的な名香と言われる香りをつけていたのですが、彼女はその香りをかぐとスイッチが入るというのです。その香りはお母様とおばあ様がつけていた香りだったそう。そういったエピソードを聞くと、その人に会ったことがなくても、香りからその人となりを感じることができたりもします。香りは美しさと一緒で、良し悪しを計る基準がないので難しいのですが、香りで“君島十和子”という人間を語れるような、これからはそんな関わり方をしていきたいと思っています。

左から、フローラルで優美な香り。FTC オードパルファム（ローザ エ ビアンコ） 50ml ¥6000　ホワイトグレープの爽やかさを表現。 FTC オードパルファム（ヴェルデ エ ビアンコ） 50ml ¥5600／ともにフェリーチェ トワコ コスメ

CHAPTER.05

Body care Rules

【ボディケア編】

女優のお仕事をしていた頃は、スリムでなければと、
体重の数値ばかりを気にしていました。今はむしろ、
しなやかなボディラインや、肌の質感のほうが大事。
そしてなによりもいちばんは、健康であることです。
人間ドックやホルモン検査などで、自分の体内部の
状態を把握しておくことは、大人の女性の常識。
そのうえで、バランスのいい食事と、代謝と筋力を
維持するエクササイズをコツコツ続けていく。
とても地味なことですが、そのひとつひとつが
心地いい将来を約束してくれると思うのです。

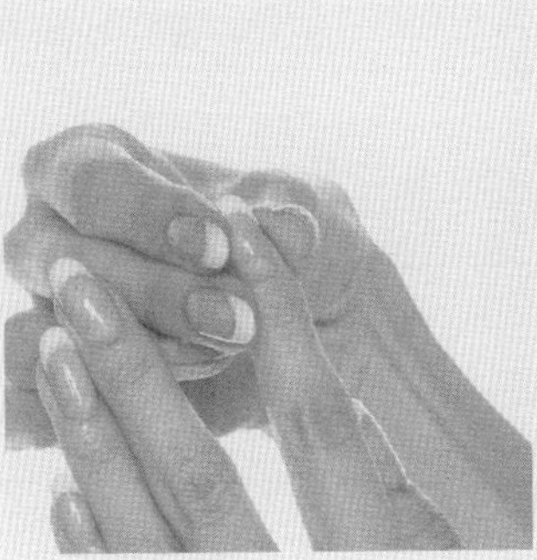

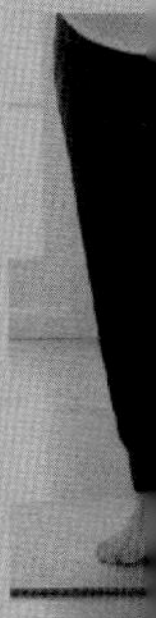

rule.64

「これからは筋力と潤い感。内と外からのケアが必須」

30代の頃、目標として掲げていたのが「40代になったらパンチのある立体的な体作りをする」というものでした。そのためにマシントレーニングやエクササイズ、ダンスなどにも挑戦。現在は、ジャイロトニックとストレッチに絞って続けていますが、強く思うのは、50代に向けて大切なのは“筋力を強化する”ということ。これは太っていても痩せていても同じです。まず、内側の筋力が低下すると、内臓機能が低下します。外側の筋力の低下は肌のハリを失わせ、たるみを誘発。たとえ体重が変わらなくても、ボディラインの印象は大きく変わっていきます。骨盤底筋群や腸腰筋といった筋肉を意識して鍛えるようになったのは、そんな悪循環を避けたいから。代謝に深く関係しているのも筋力ですし、年々衰えがちな代謝を維持するためにも、筋力強化は大人の女性にとって大きなテーマです。そしてもうひとつ大切だと思うのが、潤った肌の質感です。表面がみずみずしくつややかだとそれだけで若々しく、いきいきと見えますから、大人のボディケアは若いとき以上に手を抜けません。お風呂上がりには顔と同様に、保湿ケアを徹底しましょう。筋力と潤い感、このふたつを保つためには、バランスのとれた食事も大事。rule.40でも紹介しましたが、良質なたんぱく質とオイルは、年齢とともに失われがちな肌と髪のツヤのためには欠かせません。

rule.65 「食べ物だけでダイエットしてはいけない」

女優のお仕事をしていた頃は、体型維持のためにお肉の脂身や天ぷらの衣をはずして食べていたこともあります。スリムでいなければ、という思いから摂食障害寸前のような状態になったこともあるので、今は炭水化物抜きや油抜きといった、カロリー制限は一切しません。食事から得られるバランスのとれた栄養は、実は何物にも代えがたいものです。体重の数値だけを気にしたダイエットや食事制限をしてしまうと、筋力や肌の潤いはあっという間に低下します。そして大人になればなるほど、その立て直しに時間がかかります。体を変えたいと思ったら、バランスのとれた食事とエクササイズ。今さら言うまでもない常識ですが、それこそが近道であり、美しい体を作るのです。

rule.66 「重心をチェックして立ち姿を見直す」

撮影で自分が写っている画像や映像を見て、猫背ぎみで顔色がくすんで見える、と気づくことがあります。姿勢が悪いと血の巡りが悪くなるからか、そんなときは顔の明るさまで違って見えるんです。私たちの年齢になると、筋力の衰えによって肩が内側に入っている人や、下腹部だけがポコッと出ている人をよく見かけます。姿勢のいい人は、筋肉や脂肪のつきかたもきれいで顔色もいいんです。仕事柄、私は自分の立ち姿を客観的に見る機会があるのですが、姿勢はよくチェックするようにしています。方法は簡単。壁にかかとをつけて体の中心、コアを意識しながら立ちます。頭のてっぺんをピアノ線で上へひっぱられているようなイメージで。背中はまっすぐか、肩は前に倒れていないか、前重心じゃないか——ぜひチェックしてみてください。

rule.67

「腹式呼吸はすべての基本です」

ロングブレスダイエット法が注目されてから、私も呼吸法を見直すようになりました。呼吸といっても、普段は無意識に呼吸していますから、深い呼吸を意識して行う腹式呼吸を一日のはじまりの習慣にしています。息がちゃんとお腹まで届いていることを確認するために、手をお腹にあてます。鼻からたくさん吸ってお腹をふくらませ、口からゆっくりと吐き出します。深く吐き出すと、数回行うだけで、体中の細胞が目覚めるようにすっきり。ストレッチを行うときも腹式呼吸を意識するようにしています。

1

2

Column 04

じつはスゴイ！「ラジオ体操」

最近人気のラジオ体操ですが、実は私も始めています。就寝前のストレッチとして、また今日は運動不足だったと感じた日に、ラジオ体操の“第一”を行っています。3分程度と、時間を長くとられない点も気に入っています。“第二”は、体を活性させようとするプログラムなのに対して、第一は姿勢と呼吸を整えるプログラムをメインに構成されているので、女性に向いているように思います。小学校以来、ずーっと忘れていましたが、小さい頃に慣れ親しんでいたおかげか、体はちゃんと覚えていて、勝手に動いちゃうのも嬉しいのです。

rule.68

「しなやかな体を作る十和子流5分ストレッチ」

年齢印象は姿勢ひとつで変わります。いつまでも若々しくいるために、さまざまなエクササイズから編みだした、十和子流・簡単ストレッチ。朝晩、お風呂上がりの5分間でしなやかなボディをキープしましょう。

1 Start!

2

3

肩コリに悩まない柔らかな肩甲骨のために

あごを引いて背筋をのばし、立ったままの状態で360度、肩をまわします。頭上で指を交差し、手のひらを上に向けた状態に。ひじに無理な力を入れずに、肩甲骨から肩全体を大きく動かすような意識で。右まわし、左まわしと各8回ずつ行います。余裕がある人は、肩の可動域を大きめにとりましょう。

Check!

4

呼吸に合わせると
スムーズにまわせます

5

腕まわしはていねいに

腕を後ろにまわしていきます。顔と体は正面を向いたまま、片方の手を腕の付け根に添えて、肩関節の可動域を意識しながらゆっくりと肩をまわしていきます。呼吸のリズムにあわせて両腕、各8回ずつ行います。

首の後ろ、サイドの
筋や筋肉がのびきって
いることを確認!

6

7

8

9

首まわしはゆっくり!
がポイント

立ったまま手を腰に添え、猫背にならないよう意識しながらゆっくりと首をまわします。左右、各8回ずつ。首はそらし過ぎないよう、また首の後ろがきちんとのびているかを意識しながら行います。

股関節とソケイ部を
柔軟に整える

座ったまま、自分の心地いい範囲で足を開き、上半身をお腹からゆっくり倒していきます。息を吐くときに前屈すると、より深く倒せるように。背中が丸まらないように意識しながら8回。硬くなりやすいソケイ部を柔軟に整えるストレッチです。

上体が前に倒れない
ようにチェック!

10

わき腹をのばすストレッチ

開脚したまま片脚を曲げて、腕をのばした状態で、上半身を横に倒します。前屈しないように注意して、わき腹がのびていることを意識しながら、左右各8回ずつ。下側の肩を深く内に入れるとさらによくのびます。

11

ソケイ部と太ももの前をしっかりのばす

足を前後に開き、後ろ脚はまっすぐに、前脚は屈伸させたままのばして、ソケイ部、後ろ脚の太ももの前を柔軟にします。背筋をまっすぐにしたまま、屈伸するような感覚です。左右各8回行って終了。

12

Finish!

アキレス腱とひざの関節を柔軟に

前後に足を開き、前脚のひざの関節をのばすように上半身の体重をかけながら、脚の裏側をのばしていきます。硬くなりやすいアキレス腱を柔軟にするストレッチ。左右各8回ずつ行ったら終了。ここまでで約5分のワンセットです。

rule.69

「バスタイムでストレスリリース」

冷え性ということもあって、入浴は必ずバスタブに浸かります。時間は30分～1時間程度ですが、子供たちが大きくなった今は、日中にゆっくり入浴するのが楽しみのひとつです。湯船の温度は熱め。代謝を促して老廃物をしっかり出してくれる気がして、熱めのお湯に浸かるのが好きですね。湯船に浸かりながら本を読んだり、DVDを鑑賞したり。たくさん汗をかくと、デトックス効果で本当にすっきりします。心臓に負担がかからないよう、なるべく半身浴にして、ときどきお水を摂ります。発汗量のチェックのために体重も計ります。最後に、拡張した血管を引き締めるため、ひざから下と腕、顔に冷水シャワーを30秒ずつ。ちなみに、時間がなくて湯船に浸かれないときや疲れているときは、ひざ下とひじ下に温水と冷水シャワーを30秒ずつあてるだけですっきりしますよ。年齢とともに低下する代謝を発汗で促すことがストレス解消につながっているようです。

rule.70 「"お風呂スパ"のすすめ」

自宅の湯船に浸かりながらの"おひとり様スパ"もお気に入り。まず、顔からデコルテにかけてのリンパマッサージ、そして内臓の働きを助けるベリー(お腹)マッサージをします。 1 こぶしを作って肋骨の下あたりから、股関節前のソケイ部に向かって8回、丸めた手をくるりと返すようにしてマッサージ。 2 片方のこぶしの上にもう一方の手を添えて、おへそのまわりを右回転、"の"の字を描くように8回マッサージします。これらを習慣にしてからは、サイズというより腰まわりのシルエットが変わったのを実感。でも、1週間サボるとあっという間に元に戻ってしまうんです。内臓の筋肉は鈍りやすいので、これからも続けていきたいです。

1

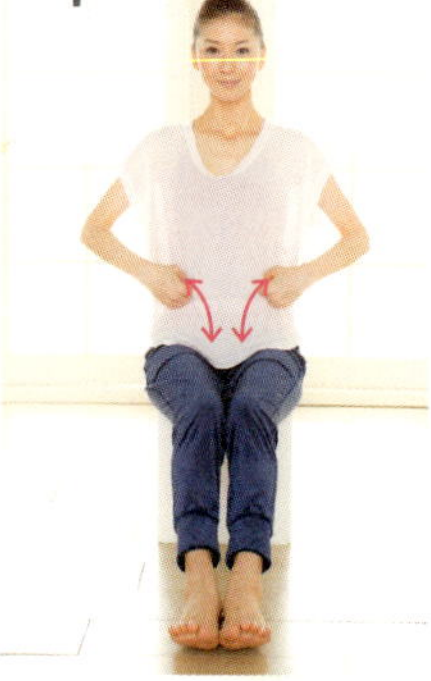

2

Column 05

手元にはやっぱり年齢が出ます！
アンチエイジング・ハンドケア

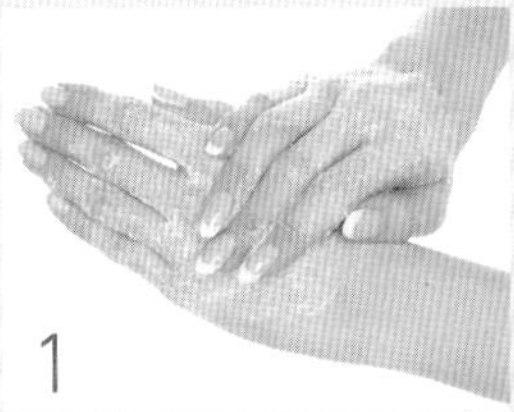

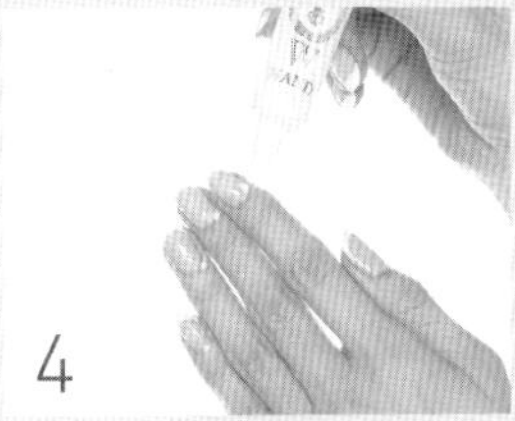

手元は年齢感がはっきり出てしまうもの。普段からこまめなケアを心がけていますが、握手会などの前には、とくに念入りにハンドケアを行います。1a のスクラブを小さじ 1 杯程度、手にとって両手で温めます。手の甲にのせたら指先から手首までなじませ、優しくこすります。両手とも行ったら洗い流します。2 指先一本一本の甘皮部分に b のオイルを1滴ずつオン。3 爪先に揉みこみます。ツボを刺激するよう、爪のサイドからもプッシュ。4c のクリームを指先にちょんちょんとのせ、指全体になじませます。5d の UV ケアクリームをパール粒大とって手全体にのばせば、保湿と UV ケアも合わせて完了です。

a ピスタチオの殻が含まれた、自然派のスクラブ。ローラ メルシエ ボディスクラブ ピスタチオ 300g ￥4600　b オイルで大人の肌をしっとり。FTC スパ ラメラオイル（ローザ エ ビアンコ）30ml ￥3800／フェリーチェ トワコ コスメ c 美白効果で年齢不詳の明るい手元へ。FTC ザ ホワイトニング ハンドセラム（医薬部外品）30g ￥2400／フェリーチェ トワコ コスメ d のびがよく、高いUV防御力を発揮。FTC UVパーフェクト ボディヴェール SPF50／PA+++ 50ml ￥2600／フェリーチェ トワコ コスメ

SPECIAL INTERVIEW 02

Now and then

As a woman

—— ひとりの女性として

19歳でデビュー。女優として活動後、
29歳で結婚・引退。化粧品開発者として、
ふたりの娘の子育てをしながら働いてきて、
それまでの“君島十和子像”を壊すという
決意をしたのが39歳。なぜか、私には
10年ごとに人生の転換期が訪れます。
次はどんな“ミッション”が与えられるのか、
今からドキドキしているところです。
そして、これからどう生きていくのか……
美容を生業にするという覚悟を決めてから、
そのゴールは鮮明になった気もしています。
私のこれまでの人生を振り返りながら、
あらためて探っていきたいと思います。

“地味でぼんやりしていた少女時代。運命の扉が開いたのは19歳のとき”

人生ではじめて、運命のスイッチの音が“カチッ”と聞こえたのが、19歳のときでした。1985年にJALのキャンペーンガールに抜擢されてデビューしたのです。芸能界に対して、なんとなくの憧れはあったものの、そのときは目の前に突然ポンッと降ってきた感じでした。中学生のときはオーケストラでチェロを担当。高校ではバンドを組んで、ドラムを叩いていました。そうした“縁の下の力持ち”的な存在でいるのが心地いいタイプだったのが、いきなり表舞台の前面に立つことになったのです。

人前で表現することは苦手だったので、最初はとても苦労しました。「JALキャンペーンガールに決まりました吉川十和子です。沖縄の素晴らしさと魅力を皆様にお伝えできるよう、頑張ります！」……そんな短い挨拶さえ、緊張してまともに話せなくて。トークショーや生放送で、1時間でも平気で話している今の私からは想像できない姿だと思います。

その後、少しずつ女優の仕事をいただくようになりましたが、当時は今と違って、モデルと女優の間には大きな境界線がありました。いくつもの段階を踏まないと、一人前として認めてもらえないと思っていたので、モデルの仕事を続けながら、演技のレッスンに日本舞踊、戯曲の勉強やボイストレーニングなど、いろいろなレッスンに通っていました。ときはバブル期真っ只中。同世代の友達はまさにそんな華やかな時代を謳歌していて、アフターファイブにはフューシャピンクの口紅をつけ、街を闊歩。そんなときに、私は下積み中の身。私の20代前半はまさに“暗黒時代”でした（笑）。

20代中頃になって、女優のお仕事が増えていきました。ドラマデビューはNHK。椎名誠さんの小説『新橋烏森口青春篇』をドラマ化した作品で、緒方直人さんの相手役でした。その後もいろいろな作品に出演しましたが、どちらかと言えば、現代劇より時代劇が多かったですね。着物も自分で着られますし、実は歴史小説が大好きという“歴女”な一面もあって、京都をはじめとした歴史を感じる街も大好きですから、もし今も女優の仕事を続けていたら、時代劇や和の世界にどっぷり浸かっていたかもしれません。

今思えば、スピード感が求められる現代ドラマより、時代劇のほうが、不器用な私には向いていたと思います。外見のイメージからか、華やかな役を振られることが多かったのですが、中身は全く逆なので(苦笑)、求められるイメージとのギャップにはずっと悩んでいました。

女優として多くのことを勉強させていただくきっかけになったのが、堺正章さんのトーク番組でした。私はアシスタントとしてゲストのお話へのあいづちや堺さんに合いの手を入れる、という役割だったのですが、初めはその「合いの手」さえ言えなかった。でも、堺さんのおかげで、人間関係の作り方、自分に求められる役割の見極め方、そしてトークそのものの方法論を学ぶことができました。さらにありがたかったのは、ゲストでいらっしゃる女優さんたちの魅力に触れられたことです。人間は多面的な魅力があって、それは話してみないとわからないんだと気づかされました。女優という仕事を客観的に見られるようになって、仕事の幅も広がっていき、やっと一生続けていきたいと思えるようになったんです。28歳のときです。

運命の出会いは、女優という生涯の仕事を決意したとき

主人と出会ったのは、ちょうどその頃。じつは、私の女優としての姿を主人は見ていません。時代劇などは見ないから、と。逆にそれがよかったのかもしれませんね。女優というのは、普通の職業じゃないとも思っていたようです。

29歳の誕生日には、ふたりでお祝いをしました。そしてその年の9月に結納をすませ、20代最後の年に、一生の仕事だと思った女優という道から退くことになりました。仕事を辞めることが結婚の条件ではなかったのですが、自分の意思で決めました。悔いはありませんでした。女優という仕事にはやりがいを感じていたし、やっと本当に面白くなってきたと

ころでしたが、不規則になりがちな生活スタイルや、時間的にかなり制約されてしまう、先が見えない、といったところにストレスを感じていたのも事実です。そのとき私は、むしろ私にとっては未知の世界である“主婦”という仕事をきちんとしたい、するべきだと思ったのです。

君島家での“自分自身”の役割を探して

ご存じのとおり、主人は父の君島一郎のもとで家業を手伝っていました。最初は嫁いだものの、ファッション業界の流れなど勝手が全くわからず、家族のなかでひとり、“お客様”みたいな状況。いったい私は何をすればよいのか、手探り状態でした。

その頃、女優時代の美肌を保つ秘訣について取材したいと、いろいろな女性誌から声をかけてもらうようになりました。女優は常に見られている仕事ですし、いつもきれいでいなければいけなかったので、肌の美しさを保つために、自分なりに追求してきたことをお話ししました。デビュー当時、真っ黒に日焼けしていたために肌がボロボロになったこと、そこから白さを取り戻すまでの苦労話など。ちょうど同じ時期、主人のお洋服の仕事を手伝っていたときにも、顧客の方々に美容のお話をすると、とても喜んでいただけたんです。そして、美容の話をすることは私自身も楽しかった。自分は何ができるのか、ぼんやり見えてきた気がしました。当時はまだ、女優やモデルさんが「(美のために)何もしていません」という発言をしていた時代でしたから。私のようにあれこれ試行錯誤していることを語る人はいませんでした。

主人の事業を手伝うなかで長女を出産。30歳のときです。そして同じ頃に化粧品を作る話が持ち上がり、はじめて商品開発という仕事を経験しました。美容専門雑誌が創刊したりと、ちょうど世間でも美容が注目され始めた頃でした。

主人は元皮膚科医なので、皮膚科医の先生方とのおつきあいも多く、そんなこ

“美を生業にしていく”
という覚悟を決めた30代

とからも化粧品を作ってみたい、と思うようにもなりました。最初の製品は、パッケージの作り方から売り方にいたるまで何もわからないなか、何回も試作を繰り返して作りました。それから数年後に、フェリーチェ トワコ コスメの前身となるブランドを作って、青山通り沿いのお洋服のセレクトショップ「フェリーチェ青山」で、販売をスタートしました。

その後、何回も試作を重ねる中で、自分が本当にほしいものとして作りあげたのが、2005年に発表したフェリーチェトワコ　UVケアクリーム。私のこだわりが詰まった製品なので、発売後の反響の大きさがとても嬉しかったことを覚えています。それまでは「洋服屋さんの奥さんが、化粧品について何言ってるの？」というふうに見られることもあったからです。この頃、次女が産まれ、子育てにも追われてとても忙しかったのですが、目の前にやらなければならないこと、大きな目標があったので、とても満ち足りた時間を過ごすことができました。

30代を振り返ってみると、“吉川十和子”から“君島十和子”へと生き方を築いていった時間だったと思います。20代の頃は、自分のことばかりを考えていましたが、自分以外のことを第一に考え、前を向いてひたすら走っていたのが30代。美を生業にしていくという覚悟ができたのもこの頃です。

過去の自分スタイルに頼らない。
見つめる先は常に一歩先

それからは子育てと商品開発という、ふたつの人生の柱に没頭する毎日。ファッションやメイクアップなど、これが君島十和子のスタイル、というものがはっきり確立していった頃です。日々忙しかったし、これでいいのだと信じていました。でも30代後半になったとき、「あれ？ このままでいいのかな？」と疑問がわいてきました。世の中のトレンドは変わっていくし、自分の感覚さえ変わってきているのに、同じスタイルを貫き通していっていいのか？　美容を発信する立場として、立ち止まったままではいけない。“進

“アグレッシブに生きる、しなやかな50代へ”

化した君島十和子”を追求しなきゃいけない、と我に返ったように、急に気づいたんです。

そして突然、自分で前髪をパツッと切っちゃいました(笑)。ある日、自分のヘアスタイルが時代遅れだということに気づいて。そのときから、40代は「それまでの自分をなぞらないようにしよう、固執することやこだわりをやめよう」と決意したんです。

それが39歳のときです。19歳でデビュー、29歳で結婚と、私にはなぜか10年周期で転換期が訪れます。次は49歳です。何が待っているんでしょうか。

40代に入ってからの大きなチャレンジは、通販業界、テレビショッピングに進出したことです。当時は、デパートで販売される化粧品と通販のものとの間に、大きな隔たりがありました。今では、通販のイメージもかなり変わりましたが、通信販売で化粧品を買うということに、私自身が違和感を覚えていたくらいです。最終的には、販路を広げてもっと多くの女性に自分のこだわった製品を試していただきたい、という作り手としての決断をしました。

今、私が出演している通販の番組はルールが厳しく、制約も多いのです。法的に言ってはいけない用語もありますし、放送をする時間帯やその日の天候によって、話す内容も変えないといけません。朝10時と夜10時のお客様の心に響く言葉は全く違うからです。このような販売環境の中で、新たな課題も見えてきました。性能が上がったテレビカメラに映る私自身のコンディションには、相当気を遣わなければいけません。以前にも増して、メイクアップや髪型、ファッション、ネイルにいたるまでを、戦略のひとつとして気を配るようになりました。

2013年、フェリーチェ トワコ コスメは、シンガポールにはじめて進出しました。美容は女性にとって世界共通の言語ですし、完成度の高い化粧品は世界へ出ていける、認められると思っています。じつはブランドを立ち上げた当初から、海外進出という目標は持っていました。

今のタイミングになったのは自然な流れ。自分たちを取り巻く環境が、おのずと進む道を整えてくれたという感じです。これからも、企業としても人間としても大きく成長していかなければと思っています。まだまだ成長を考えていますよ(笑)。

人生後半のライフワークを見据えて

この年齢になると、どうしても体力などは落ちてきます。想定外の変化に柔軟に対応できるよう、少し余裕を持たないといけないな、と思うようにもなりました。体調のちょっとした変化にも敏感になりましたが、最近は優れた対処法が多くありますので、大きな不安は感じていません。むしろ日々の雑事に流される前に、きちんとした準備を心がけたいと思っています。美容と健康においては、予防が最大の武器です。人間ドックなどの検査で自分の体をこまめにチェックするようにもしています。かつてのように、勢いや精神力で大きな波を乗り越えられる時期は、もう過ぎたと思っていますから。

先日、私より上の世代の女性たちとお話しする機会があったのですが、女性であることにとても貪欲で、強い刺激をいただきました。ある方は、子供が手を離れたから時間に余裕があると思われがちなのだけど、それは大間違いだと。今度は子供ではなく自分に手がかかるようになったから、ずっと忙しいのよ！ とおっしゃる(笑)。私自身も、50代に向けてもっともっとアグレッシブでいるべきだと決心しています。化粧品を通して、世界に向けて美の提案をすることに使命感を感じていますが、世の中に何かをお返ししなきゃ、というような別の使命感も感じています。視野をもっと広げて、化粧品や美容をきっかけに国や文化をまたいでコミュニケーションを広げていきたい。日本女性の美意識をアジアの女性と分かちあい、さらに世界へと広めていきたい。これが次の私の目標です。そのためには、これまで以上の勉強と努力が必要になりますが、あきらめることなく、突き進んでいきたいと思っています。

TOWAKO BEAUTY ADDRESS

十和子さんが通うビューティアドレス

美と健康を維持するためには、ときにはプロの手を借りることも大切です。
小さな不調を感じたときに駆け込める“美容処”は、大人の女性にとっての財産。
私が心から信頼を寄せる美のエキスパートたちをご紹介します！

カロン

(HAIR SALON)

肌色をきれいに見せる色調合の匠

クリエイティブ
ディレクター
新沢圭一さん

「新沢さんには、すべておまかせなのですが、季節やファッション、そのときの気持ちに合わせて、いつも色をオリジナルで調合してもらっています。カラーリングのアドバイスも的確ですし、微妙な色の調合は魔術師のよう。色のイメージがわかないときは、フルーツにたとえて説明してくれたり。カラーリングのコースには、あらかじめ炭酸泉のトリートメントまで含まれているので、髪にダメージを全く感じない、ツヤサラに仕上がります」

東京都中央区銀座7-10-5
DUPLEX TOWER銀座7/10 5F
☎03-6280-6939　calon-ginza.com/
㊎(火、水、金、土) 11:00〜21:00
(木) 10:00〜20:00
(日、祝日) 10:00〜18:00　㊡(月・第3火)
ビューティーカラーデザイン　￥16500〜

アリーザ

(HAIR SALON)

職人気質が光る“十和子ヘアの生みの親”

スタイリスト
古根タケフミさん

「古根さんがアリーザをつくって独立される以前から、ずっとお願いしています。職人気質で、高い技術力とていねいな仕上がり、そしてリクエストに対して常にベストな提案をしてくれる真摯な人柄が気持ちよくて、今では家族全員がお世話になっています。ヘアアレンジも上手なので、イベントやテレビのお仕事のときはよくお願いしています。月に一回のペースで通っていますが、カットとシャンプー＆ブローを短時間で仕上げてくれるのも、ありがたいんです」

東京都港区元麻布2-1-17
モダンフォルム元麻布2F
☎03-6721-9022　www.aleeza.jp
㊎(月〜土) 11:00〜21:00
(日、祝日) 10:00〜19:00　㊡(火)
カット￥6300

erikonail OMOTESANDO (NAIL SALON)

私らしさを追求できるネイルサロン

ネイリスト
黒崎えり子さん

「ある方のフレンチネイルがあまりにもきれいで、それを手がけた黒崎さんを紹介していただいて以来、10年以上もお世話になっています。持ちがよくて、どの角度から見ても美しい黒崎さんのフレンチネイルは一番私らしいと思いますし、飽きることがありません。黒崎さんとは美容についてやママ同士の情報交換など、常に刺激をもらえる"同志"のような関係。常に前向きなところや人との接し方など、私より年下なのですが、彼女から学ぶところは多いんです」

東京都渋谷区神宮前5-1-3
Omotesando Keyaki Bldg.8F
☎03-3409-5577　www.erikonail.com
㊔(月～金)11:00～21:00 (土)10:00～20:30
(日)10:00～19:00
無休　ジェルネイル　￥6500～

ラ・フラーム (ESTHETIC SALON)

肌と人生を見守ってくれる母のような存在

エステティシャン
佐藤玲子さん

もう20年以上も通っていて、"十和子肌"を見守ってくれた一人といっても過言ではありません。マシーンとハンドを組み合わせたトリートメントなのですが、顔を触る時間より背中やデコルテ、頭皮ケアのほうが長いくらいで、顔の上がり方が全然違うんです。主人によると、先生のマッサージを受けた後は、遠目からでもわかるほど肌がしっとりしているそう。撮影前や月一回をルーティンに。先生のトリートメント次第で、肌の未来も変わるような気さえします。

東京都港区北青山3-13-3 R's Aoyama
☎03-3486-0357
www.laflamme.co.jp
㊔11:00～20:00 (受付時間～19:00)
㊡(月、火)
フェイシャル・ベーシックコース
75分　￥13650

ラ・フォイーユ (BODY CONDITIONING)

女性特有の悩みまで全方位でケア

パーソナルトレーナー
中垣葉子さん

「ハイヒールを履いたときの歩き方や、骨盤底筋群の鍛え方など、女性ならではの悩みをカバーするプログラムと、丁寧な指導に信頼を寄せています。週に一回、約1時間、ジャイロトニックなどを続けていますが、アンチエイジングを考えた筋肉作りが目的です。最初は主人と一緒に始めたんですが、すでに主人は脱落(笑)。今はパーソナルコースでお世話になっています。通い続けてからは、まず立ち姿が変わりましたし、肩コリや腰痛も楽になりました」

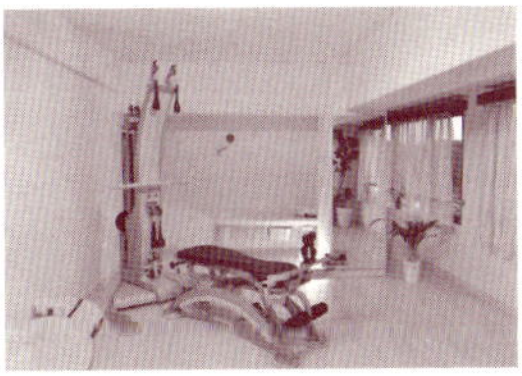

東京都港区南青山2-2-15 ウイン青山543号
☎03-6416-0056　www.lafeuille.jp
㊔9:00～22:00 (受付時間～21:00)
ジャイロトニック　55分／￥9000
美脚・骨盤バンテージ　45分／￥5500
美脚マシン　20分／￥3500

アカデミア整体院 (MANUAL THERAPEUTICS)

体の芯から整う骨盤矯正が秀逸

整体師
椛沢裕一院長

「ラ・フォイーユの中垣先生から紹介していただいた整体院なのですが、私は、おもに骨盤矯正や歪みの調整で通っています。地方で立ちっぱなしのイベントが続いたときや、長時間のフライト後など、不自然な姿勢が原因で不調を感じたときに駆け込みます。肩甲骨をはがすように筋肉を動かしたり、施術はちょっぴりハード系(笑)。スポーツマッサージに近い感覚かもしれません。終わったあとは、歪みが矯正され、体の重心できちんと立てていると感じます」

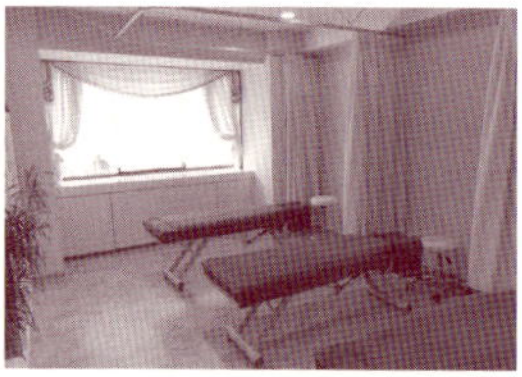

東京都港区南青山3-12-12 南青山312
ビル601 ☎03-6721-1897
academius.in
営(月〜金) 11:00〜21:00
(土、日、祝日) 11:00〜18:00 休(火)
アカデミア整体コース ¥6300

ウチイケ鍼灸整体医院 (ACUPUNCTURE)

顔の悩みにつながる滞りを徹底ケア

鍼灸師
内池正弘院長

「どこかが悪くて行くというより、悪くさせない予防のために、一ヵ月に1〜2回程度のペースで診ていただいています。とくに長時間のフライトの後や、南半球から戻った後など、体の歪み方がいつもと違うときは、脈診のあとに鍼治療というコースをお願いしています。普段は首のコリがひどいので、首のメンテナンスを中心に。放っておくと血流が滞り、くすみやむくみなど顔の印象が変わってしまうので、手遅れにならないよう、予防的にケアしてもらいます」

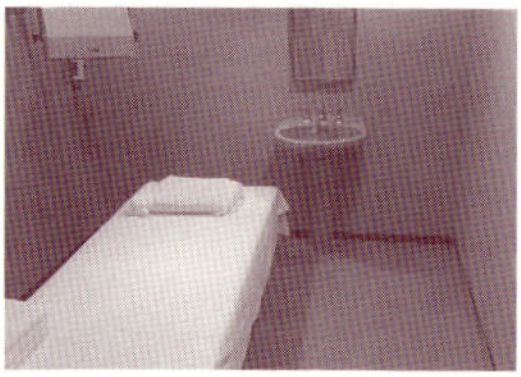

東京都港区北青山2-7-13
☎03-5411-0115
営(月、水、金、土)
9:00〜20:00 (予約診療)
(火、木) 9:00〜13:00
(日、木) 13:00〜20:00
鍼灸治療 ¥8000

原宿デンタルオフィス (DENTAL CLINIC)

コンプレックスを克服できた審美歯科

歯科医師
山﨑長郎院長

「歯の色や噛みあわせの問題など、歯はコンプレックスだったのですが、山﨑先生に治していただいてからは、心おきなく歯を見せて笑えるように。とくにオールセラミックスの技術が素晴らしく、肌の色から浮くような真っ白さではなく、歯の先端が自然に透明になる、とても繊細な仕上がりなんです。歯ぐきのラインを調整していただいたこともありますが、歯は美容と健康に深く関わるところなので、これからも頼りにさせていただきたいと思っています」

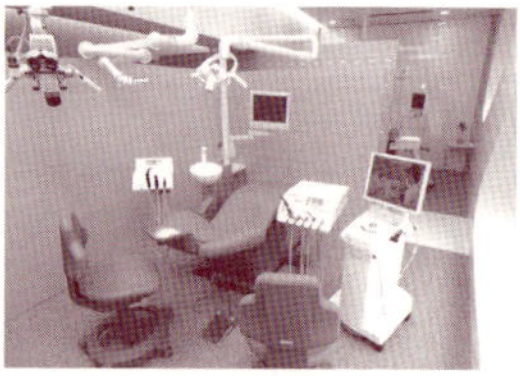

東京都渋谷区渋谷2-1-12
パシフィックスクエアビル4F
☎03-3400-9405
www.harajuku-dental.com
診 10:00〜13:00 14:00〜18:00
休(土、日、祝日) 予約制

青山研美会クリニック

(CLINIC)

美肌から健康までのトータル相談

皮膚科医・美容皮膚科医
阿部圭子院長

「2年ほど前から通っています。ポツッと吹き出物ができたときや、肌あれしたときなど、肌のエマージェンシー時に駆け込んでいます。いつも適切な処置を施していただけるから、悩みを悪化させることなく、あっという間に解決。今では家族全員がお世話になっています。また、不足がちな栄養素をサプリメントで処方してもらうことも。年齢的にも近い阿部先生とは、肌のメンテナンスはもちろん、スキンケアの方向性について相談にのっていただくことも」

東京都渋谷区神宮前3-42-16
コッポラスクウェア2・3F
☎03-5413-1777
www.kenbikai-clinic.com
診10:00〜13:00　15:00〜19:30（火〜18:30）㊡（水、日）　栄養療法外来
分子整合栄養検査　¥10500〜

ドクタースパ・クリニック

(CLINIC)

年齢的な肌悩みを気軽にケア

形成外科医
鈴木芳郎院長

「うぶ毛の脱毛や、くすみをとるレーザーフェイシャル、そしてビタミンCのイオン導入などを受けに行っています。とくに、うっかり陽を浴びてしまったときなどは、早めに対処したいので、鎮静させた後に抗酸化成分を導入していただいたり。院長は以前、著名なクリニックにお勤めされていたこともあって、美容医療的な経験も豊富。美容外科的なケアは、まだ必要を感じていませんが、将来への貯金という意味で信頼できるドクターとの出会いは必要ですね」

東京都渋谷区恵比寿西2-21-4
代官山Parks2F
0120-022-118　www.spacli.com
診10:00〜13:00
14:00〜19:00
㊡（日、祝日）
レーザーフェイシャル¥12600

東京ミッドタウンメディカルセンター ／東京ミッドタウンクリニック特別診察室

(CLINIC)

健康状態を把握する定期検査はここで

特別診察室長
渡邉美和子先生

「こちらでは、ホルモン検査を含む人間ドックを定期的に受けています。通常のドック以外にも、婦人科検診や乳房検診などを含むレディースドックも充実していて、サプリメントを処方していただくこともあります。先々の病気が予測できれば早めに対処することができますし、検査は定期的に受けたほうがいいと思い、主人と通っています。また、年齢とともにストレスに対する抵抗力の低下を感じていて、肌にも病気にも関わるストレスケアは今後の課題です」

東京都港区赤坂9-7-1ミッドタウンタワー6F
☎03-5413-8017
www.tokyomidtown-mc.jp
診総合診療科（月〜金）9:00〜17:00
㊡（土、日、祝日）
スーパーミッドタウンドック¥231000

衣装クレジット

Clothes credit

表紙

ノースリーブトップス¥53,550、パンツ¥48,300／アエッフェ・ジャパン（フィロソフィ バイ ナタリー ラタベージ）

P1、Prologue

ピンクドレス¥315,000／IZA（ヌメロ ヴェントゥーノ）

メイクアップ編

【メイクのプロセスで着用】

フリルブラウス¥30,450／三喜商事(マレーラ)

【P21、55】

カーディガン¥79,800／IZA（クラス ロヴェルタ カヴァリ） ワンピース¥168,000／三喜商事（キッカ ルアルディ ビークイーン） リング¥588,000／TASAKI（TASAKI）

【P31、33】

ジャケット¥79,800／ナイツブリッジ・インターナショナル（ハロッズ） ピアス¥8,350,000、リング¥1,600,000／グラフ ダイヤモンド ジャパン（GRAFF）

【P35】

ドレス¥924,000／エスカーダ・ジャパン（エスカーダ） ピアス¥9,300,000、ネックレス¥35,000,000／グラフ ダイヤモンド ジャパン（GRAFF）

ヘアスタイル＆ヘアケア編

【P41】

ワンピース¥52,500／エスカーダ・ジャパン（エスカーダ スポート）

【P42】

グリーン半袖ニット¥34,650／三崎商事（TSE）

【P43】

ピンクワンピース¥283,500／エスカーダ・ジャパン（エスカーダ）

【P44】

オレンジブラウス¥52,500／IZA（クラス ロベルト カヴァリ） ピアス¥15,435／スワロフスキー・ジャパン（スワロフスキー・ジュエリー）

スキンケア編

【P49】

表紙と同じ

【スキンケアのプロセスで着用】

ノースリーブニット¥52,500／エスカーダ・ジャパン（エスカーダ）

ファッション編

【P85、86、96】

水色ブラウス¥86,100、スカート¥96,600／クロエ インフォメーションデスク（クロエ）

【P101】

P35と同じ

ボディケア編

【P105】

表紙と同じ

【エクササイズのプロセスで着用】

Tシャツ¥12,600／MOROKO BAR 六本木ヒルズ店（Beautiful peaple） キャミソール¥4,515／ナイキジャパン（ナイキ） パンツ¥14,700／MOROKO BAR 六本木ヒルズ店 ヨガマット¥12,600／酒井医療（エアレックス）

※記載のないものはすべて十和子さんの私物です。

協力店リスト

Cooperation shop list

【衣装】

アエッフェ・ジャパン
港区南青山 5-11-9-4F　0120-262-778

IZA
港区南青山 5-12-2　0120-135-015

エスカーダ・ジャパン
港区赤坂 7-3-37　☎ 03-5786-6862

グラフ ダイヤモンド ジャパン
千代田区有楽町 1-8-1 ザ・ペニンシュラ東京内
☎ 03-6267-0811

クロエ インフォメーションデスク
千代田区麹町 1-4　☎ 03-4335-1750

酒井医療
新宿区山吹町 358-6　☎ 03-5227-5777

三喜商事
千代田区三番町 6-5　☎ 03-3238-1554

スワロフスキー・ジャパン
港区港南 2-16-4-6F　0120-10-8700

TASAKI
中央区銀座 5-7-5　0120-111-446

ナイキお客様相談室
品川区東品川 2-3-12 シーフォートスクエア
センタービル　0120-500-719

ナイツブリッジ・インターナショナル ハロッズ
渋谷区広尾 5-6-6　☎ 03-5798-8117

三崎商事
港区南青山 2-5-17　☎ 03-5775-1211

MOROKO BAR 六本木ヒルズ店
港区六本木 6-10-2　☎ 03-3470-1065

【化粧品】

R.M.K.Div.
品川区大崎 1-6-3　0120-988-271

アディクション ビューティ
中央区日本橋 3-6-2　0120-586-683

イヴ・サンローラン・ボーテ
新宿区西新宿 3-7-1　☎ 03-6911-8563

エレガンス コスメティックス
中央区銀座 1-7-10　0120-766-995

カネボウ化粧品（キッカ、ケイト、ルナソル）
中央区日本橋茅場町 1-14-10
0120-518-520

クラランス
港区六本木 6-8-10　☎ 03-3470-8545

ゲラン
千代田区隼町 3-16　0120-140-677

コスメデコルテ
中央区日本橋 3-6-2　0120-763-325

資生堂
港区東新橋 1-6-2　0120-30-4710

ソニア リキエル・ボーテ
中央区銀座 1-10-6　0120-074-064

パシフィックプロダクツ（ラ・カスタ）
中央区日本橋本町 1-6-1
0120-842-129

パルファン・クリスチャン・ディオール・ジャポン
千代田区隼町 3-16　☎ 03-3239-0618

ヘレナ ルビンスタイン
新宿区西新宿 3-7-1　☎ 03-6911-8287

ランコム
新宿区西新宿 3-7-1　☎ 03-6911-8151

レ・メルヴェイユーズ ラデュレ
中央区銀座 1-7-10　0120-818-727

ローラメルシエ
港区南青山 7-1-5 7F　0120-343-432

FELICE TOWAKO（本社）
渋谷区神宮前 4-5-10　0120-35-1085

FELICE TOWAKO COSME&STYLE
青山直営店
港区北青山 3-5-19　☎ 03-3405-7888

君島十和子／きみじま・とわこ

1966年東京生まれ。19歳のときにJALのキャンペーンガールとしてデビュー。ファッション誌の専属モデルとして活躍後、女優に。'96年、結婚を機に芸能界を引退。現在はフェリーチェ トワコのクリエイティブ ディレクターとして活動。自らの経験を活かし、化粧品ブランドFELICE TOWAKO COSMEを立ち上げ、多くのファンを持つ。その美肌とスタイル、エレガントなライフスタイルは世代を超えて多くの女性から支持されている。プライベートでは、2人の娘を育てる母でもある。著書に『十和子塾』『ザ・十和子本』（ともに集英社)、『パーフェクト十和子スタイル』（KKベストセラーズ)、『君島十和子の「食べるコスメ」』（小学館）ほか。

撮影／玉置順子 (t-cube)、石澤真実
ヘアメイク／黒田啓蔵 (three peace)
スタイリング／加藤万紀子
ライター／安倍佐和子
アートディレクション／松浦周作 (mashroom design)
デザイン／江田智美 (mashroom design)

※本書に掲載の化粧品の価格はすべて税抜き表示です。
(P122 ～ 125、衣装は除く)

講談社の実用BOOK
十《と》和《わ》子《こ》イズム
美《び》をアップデート!

2013年11月22日　第1刷発行
著者　君島《きみじま》十《と》和《わ》子《こ》

発行者　鈴木 哲
発行所　株式会社 講談社
〒112-8001
東京都文京区音羽2-12-21
編集部 ☎03-5395-3529
販売部 ☎03-5395-3625
業務部 ☎03-5395-3615

印刷所　大日本印刷株式会社
製本所　株式会社国宝社

ISBN978-4-06-299793-5